Jornalismo de revista

LEIA TAMBÉM

A arte de entrevistar bem Thaís Oyama
A arte de escrever bem Dad Squarisi e Arlete Salvador
A arte de fazer um jornal diário Ricardo Noblat
A imprensa e o dever de liberdade Eugênio Bucci
A mídia e seus truques Nilton Hernandes
Assessoria de imprensa Maristela Mafei
Escrever melhor Dad Squarisi e Arlete Salvador
Hipertexto, hipermídia Pollyana Ferrari (org.)
História da imprensa no Brasil Ana Luiza Martins e Tania Regina de Luca (orgs.)
História da televisão no Brasil Ana Paula Goulart Ribeiro, Igor Sacramento e Marco Roxo (orgs.)
Jornalismo científico Fabíola de Oliveira
Jornalismo cultural Daniel Piza
Jornalismo de rádio Milton Jung
Jornalismo de tv Luciana Bistane e Luciane Bacellar
Jornalismo digital Pollyana Ferrari
Jornalismo econômico Suely Caldas
Jornalismo esportivo Paulo Vinicius Coelho
Jornalismo internacional João Batista Natali
Jornalismo investigativo Leandro Fortes
Jornalismo literário Felipe Pena
Jornalismo político Franklin Martins
Jornalismo popular Márcia Franz Amaral
Livro-reportagem Eduardo Belo
Manual do foca Thaïs de Mendonça Jorge
Manual do frila Maurício Oliveira
Manual do jornalismo esportivo Heródoto Barbeiro e Patrícia Rangel
Os jornais podem desaparecer? Philip Meyer
Os segredos das redações Leandro Fortes
Perfis & entrevistas Daniel Piza
Reportagem na TV Alexandre Carvalho, Fábio Diamante, Thiago Bruniera e Sérgio Utsch (orgs.)
Teoria do jornalismo Felipe Pena

Jornalismo de revista

Marília Scalzo

Copyright© 2011 Marília Scalzo
Todos os direitos desta edição reservados à
Editora Contexto (Editora Pinsky Ltda.)

Coordenação da Coleção Comunicação
Luciana Pinsky

Diagramação
Gustavo S. Vilas Boas/Denis Fracalossi

Projeto de capa
Marcelo Mandruca

Foto e montagem de capa
Antonio Kehl

Revisão
Dayane Pal/Luciana Salgado

Preparação de texto
Renata de Paula Truyts

Dados Internacionais de Catalogação na Publicação (CIP)
(Câmara Brasileira do Livro, SP, Brasil)

Scalzo, Marília.
Jornalismo de revista / Marília Scalzo. 4. ed., 3ª reimpressão. –
São Paulo : Contexto, 2023.

Bibliografia
ISBN 978-85-7244-244-2
1. Jornalismo – Brasil 2. Revistas – Brasil I. Título

03-5527 CDD-079.81

Índice para catálogo sistemático:
1. Brasil: Jornalismo de revista 079.81

2023

Editora Contexto
Diretor editorial: *Jaime Pinsky*

Rua Dr. José Elias, 520 – Alto da Lapa
05083-030 – São Paulo – SP
PABX: (11) 3832 5838
contato@editoracontexto.com.br
www.editoracontexto.com.br

Proibida a reprodução total ou parcial.
Os infratores serão processados na forma da lei.

SUMÁRIO

CAPÍTULO I

Por que as revistas existem, abrem e fecham?......................11

Quer saber mais, tem que ler.. 12

Pode chamar o leitor de você... 14

Comunicação de massa, mas não muito 16

CAPÍTULO II

Um pouco de história.. 19

Ideias dão a volta ao mundo 21

CAPÍTULO III

A evolução das revistas no Brasil 27

Fenômenos editoriais.. 30

Só para mulheres.. 33

Homens, esportes e segmentação.. 35

CAPÍTULO IV

O que diferencia uma revista dos outros meios? 37

Aonde quer que você vá 39

Não sai todo dia 41

CAPÍTULO V

Como anda o mercado para as revistas? **43**

Feitas sob medida 46

Explosão de títulos populares 47

A segmentação e os caminhos possíveis 49

O impacto dos meios eletrônicos 50

Entretenimento não é bicho-papão 52

CAPÍTULO VI

O que é um bom jornalista de revistas? **53**

De novo, o leitor em primeiro lugar 54

O risco da especialização 55

Para escrever bem 57

Uma história, muitos jeitos de contá-la 58

Trabalho em equipe e diálogo 59

CAPÍTULO VII

O que é uma boa revista? **61**

Capa: síntese irresistível da edição 62

Pauta: onde está a notícia? 65

Design de revista não é arte 66

Mais do que mil palavras 69

Infografia: o que é e como usar 74

Texto que deixa o leitor feliz 75

CAPÍTULO VIII

Ética no jornalismo em revista **79**

Relações com publicidade 82

CAPÍTULO IX

Revista na prática – ou como acertar o foco no leitor........... 87

Jornalismo e preconceito 88

No princípio, era a fotonovela 89

Tentar, errar, tentar de novo 92

A gatinha subiu no telhado 94

Abaixo os muros.. 96

O final feliz não é o final.. 99

BIBLIOGRAFIA COMENTADA...111

A todos os profissionais com quem trabalhei
na Editora Abril.

A todos os alunos que passaram pelo
Curso Abril de Jornalismo
e fizeram perguntas que me obrigaram a pensar.

A Susana Camargo e ao Dedoc,
Departamento de Documentação da Editora Abril,
por guardar (e achar) informações preciosas.

A Thomaz Souto Corrêa e Eugênio Bucci,
pelas palestras, reuniões e discussões.

A Celso Nucci, pelas leituras e sugestões,
pela ética e por ter me ensinado tanto,
também sobre revistas.

CAPÍTULO I

Por que as revistas existem, abrem e fecham?

"Por que a revista *Realidade* fechou?" "Não há mais espaço para uma revista assim?" Durante os últimos vinte anos, grupos de jovens profissionais selecionados para fazer o Curso Abril de Jornalismo repetiram essas perguntas para quem os recebia na Editora Abril – e nunca pareciam satisfeitos com as respostas obtidas. *Realidade* fechou, em 1976, vendendo 120 mil exemplares por mês (número com o qual muitas revistas sonham hoje em dia) e virou um mito, especialmente entre jornalistas, por causa de suas grandes reportagens, primorosamente apuradas e editadas. Trata-se de uma publicação que representa uma época e, entendendo sua trajetória, vida e morte, é possível compreender também muito do que é peculiar ao universo do jornalismo em revistas.

Se é difícil perceber por que *Realidade* fechou, fica ainda mais complicado tentar compreender o que aconteceu com a revista norte-americana *Life*, que deixou de circular semanalmente, em 1972, vendendo cinco milhões e meio de exemplares. Por que isso acontece? O que mantém uma revista viva? O que causa sua morte? Afinal, o que é uma revista?

Uma revista é um veículo de comunicação, um produto, um negócio, uma marca, um objeto, um conjunto de serviços, uma mistura de jornalismo e entretenimento. Nenhuma dessas definições está errada, mas também nenhuma delas abrange completamente o universo que envolve uma revista e seus leitores. A propósito, o editor espanhol Juan Caño define "revista" como uma história de amor com o leitor. Como toda relação, esta também é feita de confiança, credibilidade, expectativas, idealizações, erros, pedidos de desculpas, acertos, elogios, brigas, reconciliações. Então, vamos discutir a relação.

Para começar, atire a primeira pedra quem não tem dó de jogar revistas fora, quem nunca guardou uma publicação, quem nunca pensou em colecionar um título. É isso: em primeiro lugar, revistas são objetos queridos, fáceis de carregar e de colecionar. São também boas de recortar, copiar: vestidos, decorações, arrumações de mesa, receitas de bolo, cortes de cabelo, aulas, pesquisas de escola, opiniões, explicações...

Revista é também um encontro entre um editor e um leitor, um contato que se estabelece por um fio invisível que une um grupo de pessoas e, nesse sentido, ajuda a compor a personalidade, isto é, estabelece identificações, dando a sensação de pertencer a um determinado grupo. Entre garotas, por exemplo, sabe-se que quem lê *Capricho* é diferente de quem não a lê. O fato de ler a revista transforma as meninas em um grupo que tem interesses em comum e que, por isso, se comporta de determinada forma. Não é à toa que leitores gostam de andar abraçados às suas revistas – ou de andar com elas à mostra – para que todos vejam que eles pertencem a este ou àquele grupo. Por isso, não se pode nunca esquecer: quem define o que é uma revista, antes de tudo, é o seu leitor.

QUER SABER MAIS, TEM QUE LER

Não dá para esquecer, também, que revistas são impressas, e o que é impresso, historicamente, parece mais verdadeiro do que aquilo que não é. Isso pode até mudar com o tempo e com as novas tecnologias, mas por enquanto ainda é assim. Se ocorre um fato que mobiliza a população e tem ampla cobertura na televisão (os atentados ao World

Trade Center em 11 de setembro de 2001, por exemplo), é certo que jornais e revistas venderão muito mais no dia e na semana seguintes, já que servem para confirmar, explicar e aprofundar a história já vista na TV e ouvida no rádio.

Ainda hoje, a palavra escrita é o meio mais eficaz para transmitir informações complexas. Quem quer informações com profundidade deve, obrigatoriamente, buscá-las em letras de forma. Jornais, folhetos, apostilas, revistas, livros, não interessa o que: quem quer saber mais, tem que ler.

Mas por que ler uma notícia que já se conhece de véspera? O escritor colombiano Gabriel García Márquez é autor de uma frase lapidar, que serve especialmente para as revistas: "A melhor notícia não é a que se dá primeiro, mas a que se dá melhor". Hoje, até os meios eletrônicos começam a prestar maior atenção nisso. Enquanto editores de sites e portais da internet disputam segundos e, na pressa, correm o risco de veicular notícias imprecisas ou mesmo erradas, os consumidores parecem cada vez mais interessados na informação correta, e não no ineditismo. Em uma pesquisa realizada nos Estados Unidos, no final de 2001, pela *Online News Association* os internautas deixaram a novidade – ou a "quentura" – da notícia em quinto lugar, atrás de exatidão, completude, honestidade e fontes confiáveis, em uma lista composta de onze características relacionadas à credibilidade da informação.

Nas revistas, no entanto, sempre se soube disso. Até por causa de sua periodicidade – que varia entre semanal, quinzenal e mensal –, elas cobrem funções culturais mais complexas que a simples transmissão de notícias. Entretêm, trazem análise, reflexão, concentração e experiência de leitura.

Estudando a história das revistas, o que se nota em primeiro lugar não é uma vocação noticiosa do meio, mas, sim, a afirmação de dois caminhos bem evidentes: o da educação e o do entretenimento. Como veremos no segundo capítulo, as revistas nasceram, por um lado, sob o signo da mais pura diversão – quando traziam gravuras e fotos que serviam para distrair seus leitores e transportá-los a lugares aonde jamais iriam, por exemplo. Por outro, ajudaram na formação e na educação de grandes parcelas da população que precisavam de informações específicas, mas que não queriam – ou não podiam – dedicar-se aos livros.

Enquanto os jornais nascem com a marca explícita da política, do engajamento claramente definido, as revistas vieram para ajudar na complementação da educação, no aprofundamento de assuntos, na segmentação, no serviço utilitário que podem oferecer a seus leitores. Revista une e funde entretenimento, educação, serviço e interpretação dos acontecimentos. Possui menos informação no sentido clássico (as "notícias quentes") e mais informação pessoal (aquela que vai ajudar o leitor em seu cotidiano, em sua vida prática). Isso não quer dizer que não busquem exclusividade no que vão apresentar a seus leitores, ou que não façam jornalismo. A questão é: o que é o jornalismo de revista?

PODE CHAMAR O LEITOR DE VOCÊ

Enquanto o jornal ocupa o espaço público, do cidadão, e o jornalista que escreve em jornal digire-se sempre a uma plateia heterogênea, muitas vezes sem rosto, a revista entra no espaço privado, na intimidade, na casa dos leitores. Há revistas de sala, de cozinha, de quarto, de banheiro...

Desde a década de 1990, os jornais fizeram um nítido esforço para se tornarem cada vez mais parecidos com as revistas – seja nos temas, na linguagem ou na divisão em cadernos. Entretanto, não obtiveram o sucesso esperado com tal metamorfose, por uma simples questão de formato e de público. Os jornais descobriram, por exemplo, que precisavam falar para os jovens – e trataram de criar suplementos específicos para esse tipo de público. No entanto, para ler o suplemento dedicado especialmente a ele, o jovem precisa comprar o jornal inteiro.

Entre as revistas, ao contrário, a segmentação por assunto e tipo de público faz parte da própria essência do veículo. Para ilustrar, podemos lançar mão da seguinte imagem: na televisão, fala-se para um imenso estádio de futebol, onde não se distinguem rostos na multidão; no jornal, fala-se para um grande teatro, mas ainda não se consegue distinguir quem é quem na plateia; já em uma revista semanal de informação, o teatro é menor, o público é selecionado, você tem uma ideia melhor do grupo, ainda que não consiga identificar um por um. É na revista segmentada, geralmente mensal, que de fato se conhece cada leitor, sabe-se exatamente com quem se está falando.

A psicóloga, jornalista e escritora Carmen da Silva sabia disso como ninguém. Ela assinou durante vinte anos a seção "A arte de ser mulher" na revista *Claudia*, entre as décadas de 1960 e 1980. No artigo escrito por ela para a edição dos dezesseis anos da publicação, deixou bem claro como essa relação com o leitor – no caso, as leitoras – se estabelece:

> Iniciei esta seção com certa angústia, era minha primeira tentativa de contato com uma entidade abstrata chamada "público feminino". Mais especificamente, "público feminino da classe média brasileira do início da década dos 1960". Um longo rótulo que, entretanto, não definia o rosto do fantasma – e eu o imaginava ora desafiante, talvez até hostil, ora cético e desdenhoso, ora simplesmente me ignorando com olímpica indiferença. Alguns meses e alguns artigos mais tarde, já não era assim. Ao sentar-me ante a máquina, sentia como que presenças vivas em torno, ouvia respirações, adivinhava vozes, vislumbrava traços. Escrevia para mulheres reais, de carne e osso, que desabafavam suas aflições comigo, confiavam-me dúvidas e perplexidades, pediam ajuda, ora apoiavam e incentivavam, ora protestavam e brigavam – mas cada vez mais próximas, personalizando o vínculo, mandando retratos, chamando-me para encontros ao vivo, palestras, reuniões, debates. Não mais abstrações: gente, gente comigo, centenas de milhares de rostos debruçando-se dia a dia, em estímulo e desafio, sobre minha mesa de trabalho.

É isto: revista tem foco no leitor – conhece seu rosto, fala com ele diretamente. Trata-o por "você".

COMUNICAÇÃO DE MASSA, MAS NÃO MUITO

Quem poderia dizer que a norte-americana *Life*, após chegar a uma tiragem gigantesca de oito milhões de exemplares semanais, deixaria de circular um dia? A explicação pode parecer paradoxal, mas está ligada exatamente ao sucesso editorial da publicação. Para os anunciantes, veicular publicidade em uma revista com circulação tão grande era, sem dúvida, um bom negócio. O problema é que o custo de impressão da revista – não só por conta das edições recheadas de fotos, mas justamente por causa da tiragem astronômica – acabou tornando os anúncios cada vez mais caros, quase tão caros quanto a publicidade veiculada na TV (e, em termos de comunicação de massa, a TV leva sempre vantagem).

Somando-se a isso, o custo das tarifas postais havia subido 170% em cinco anos e a *Life* era basicamente uma revista vendida por assinaturas e entregue pelo correio. Os editores fizeram as contas e viram que o prejuízo seria enorme em dois anos. A revista morreu vítima de seu próprio gigantismo. O episódio ensina muitas lições. A principal delas é que revista é comunicação de massa, mas não muito. Quando atingem públicos enormes e difíceis de distinguir, as revistas começam a correr perigo.

O jornalista Harold Hayes, na época editor da revista *Esquire*, levantou também a hipótese de que o mito que alimentara o sucesso de *Life* nos anos 1940 e 1950 – o de uma cultura norte-americana vibrante e em constante movimento – havia se perdido. Seria necessário forjar um novo mito para reconstruir a publicação. Segundo ele, "uma revista de sucesso tem de erigir um mito no qual seus leitores acreditem". Essa mesma regra também vale para explicar o desaparecimento de outras publicações: revistas representam épocas (e – por que não? – erigem e sustentam mitos). Sendo assim, só funcionam em perfeita sintonia com seu tempo. Por isso, dá para compreender muito da história e da cultura de um país conhecendo suas revistas. Ali estão os hábitos, as modas, os personagens de cada período, os assuntos que mobilizaram grupos de pessoas. Com a brasileira *Realidade* também foi assim. Criada em 1966 pelo então jovem editor Roberto Civita, a publicação reuniu uma ótima equipe de jornalistas e fotógrafos que levavam meses apurando cada reportagem, com autonomia e independência, em um momento em que o país se acanhava diante da ditadura militar. Era um tempo em que o Brasil precisava se conhecer melhor, e *Realidade* o ajudou a se descobrir. Além disso, para os jornalistas, ela representou um degrau acima na valorização da profissão e no estabelecimento de parâmetros de qualidade para reportagens dali por diante. Em dez anos, a revista ganhou sete prêmios "Esso de Jornalismo", teve uma edição inteira apreendida pela censura e chegou a vender 466 mil exemplares em um único mês. Fechou em 1976, com tiragem de 120 mil exemplares. Retrato de uma época considerada ultrapassada, *Realidade* foi, de certa forma, substituída por *Veja*, que havia sido lançada oito anos antes, em 1968, pela mesma Editora Abril. Mas no coração dos jornalistas, pelo jeito, ainda não encontrou substituta.

CAPÍTULO II

Um pouco de história

A primeira revista de que se tem notícia foi publicada em 1663, na Alemanha, e chamava-se *Erbauliche Monaths-Unterredungen* (ou *Edificantes Discussões Mensais*). Tinha cara e jeito de livro e só é considerada revista porque trazia vários artigos sobre um mesmo assunto – teologia – e era voltada para um público específico. Além disso, propunha-se a sair periodicamente. Como tudo o que é inovador, inspirou publicações semelhantes pelo mundo: em 1665, surgiu na França o *Journal des Savants*; em 1668, nasce na Itália o *Giornali dei Litterati*, e na Inglaterra, em 1680, aparece o *Mercurius Librarius* ou *Faithfull Account of all Books and Pamphlets*.

Todas essas publicações, mesmo não utilizando o termo "revista" no nome (isso só aconteceria em 1704, na Inglaterra) e parecendo-se demais com os livros, deixam clara a missão do novo tipo de periódico que surgia: destinar-se a públicos específicos e aprofundar os assuntos – mais que os jornais, menos que os livros.

Em 1672, surge na França *Le Mercure Galant*, contendo notícias curtas, anedotas e poesia – receita que se mostrou tão eficaz e popular que logo foi copiada. E, em 1731, em Londres, é lançada a primeira revista mais parecida com as que conhecemos hoje em dia, *The Gentleman's Magazine*. Inspirada nos grandes magazines – lojas que vendiam um pouco de tudo –, reunia vários assuntos e os apresentava de forma leve e agradável. O termo magazine, a partir de então, passa a servir para designar revistas em inglês e em francês. Na sequência, em 1749, surge a *Ladies Magazine*, que lança mão da mesma receita para o público feminino.

Nos Estados Unidos, os primeiros títulos (*American Magazine* e *General Magazine*) são publicados em 1741, e até o fim do século XVIII uma centena de publicações já havia tomado conta do mercado. As revistas começam a ganhar os Estados Unidos na medida em que o país se desenvolve, o analfabetismo diminui, cresce o interesse por novas ideias e a consequente necessidade de divulgá-las. Novos títulos surgem e multiplicam-se – muitos importados da Europa –, dando início ao que é hoje um dos maiores mercados de revistas do mundo: cerca de 6 bilhões de exemplares por ano. Só para comparar: no Brasil, atualmente, são vendidos mais ou menos 600 milhões de exemplares ao ano.

Ao longo do século XIX, a revista ganhou espaço, virou e ditou moda. Principalmente na Europa e também nos Estados Unidos. Com o aumento dos índices de escolarização, havia uma população alfabetizada que queria ler e se instruir, mas não se interessava pela profundidade dos livros, ainda vistos como instrumentos da elite e pouco acessíveis. Com o avanço técnico das gráficas, as revistas se tornaram o meio ideal, reunindo vários assuntos em um único lugar e trazendo belas imagens para ilustrá-los. Era uma forma de fazer circular diferentes informações concentradas sobre os novos tempos, a nova ciência e as possibilidades que se abriam para uma população que começava a ter acesso ao saber. A revista ocupou, assim, um espaço entre o livro (objeto sacralizado) e o jornal (que só trazia o noticiário ligeiro).

Além de possibilitar a melhoria na qualidade dos impressos, os avanços técnicos na indústria gráfica permitiram o aumento das tiragens, o que, por sua vez, atraiu os anunciantes, dispostos a levar a mensagem sobre seus produtos para um público cada vez mais amplo. Com os anúncios financiando os custos de produção, foi possível baixar os preços dos exemplares, que consequentemente passaram a ser lidos por ainda mais gente, o que fez as tiragens crescerem na mesma proporção...

Começa, então, a nascer o negócio das revistas como conhecemos hoje – uma parte da indústria de comunicação de massa.

Como vimos no capítulo anterior, outra peculiaridade ligada ao nascimento do negócio "revista" é que, enquanto os jornais, tanto diários como semanais, nascem e crescem engajados, ligados a tendências ideológicas, a partidos políticos e à defesa de causas públicas, as revistas acabam tomando para si um papel importante na complementação da educação, relacionado intimamente com a ciência e a cultura. Com recursos mais modestos do que os jornais, muitas vezes as revistas não conseguiam ter acesso à mesma tecnologia e por isso acabavam tendo de criar modelos paralelos. Por exemplo, quando surgiram os telégrafos e as agências de notícias, tais novidades tinham um custo tão alto que não eram acessíveis à maioria das revistas. Talvez esse fator também tenha ajudado a reafirmar a vocação desse tipo específico de publicação, que se viu empurrada a desenvolver uma natureza diferente, mais afastada do noticiário, mais preocupada em buscar caminhos alternativos, a encontrar sua própria função, seu público e sua linguagem.

IDEIAS DÃO A VOLTA AO MUNDO

Existem, no universo das revistas, algumas ideias originais e geniais que deram tão certo, fizeram tanto sucesso, que viraram modelo e, por isso, estão rodando o mundo e sendo repetidas há muito tempo. Depois das pioneiras do gênero – aquelas que mais pareciam livros – aparece em 1842, em Londres, uma publicação que revolucionaria a maneira de conceber e editar revistas. Era a primeira revista ilustrada – e que continua a ser editada até hoje –, a *Illustrated London News*. Tinha 16 páginas de texto e 32 de gravuras, que reproduziam os acontecimentos da época na forma de desenhos. A fórmula foi copiada em todos os países e, no final do século XIX, foi aperfeiçoada com o desenvolvimento da fotografia e da impressão com meio-tom.

As revistas nasceram monotemáticas – tratando de um único assunto por título – e depois passaram a ser multitemáticas. Os dois modelos também foram copiados por todo o mundo. Em 1693, na França, segmentando o modelo multitemático, surge outra novidade para ser copiada. Tratava-se de uma revista de pauta variada – *Mercúrio das Senhoras*, a primeira de todas as revistas femininas. Mais tarde, no século XIX, elas se multiplicaram. Trouxeram uma fórmula editorial voltada basicamente aos afazeres do lar e às novidades da moda – algumas ofereciam às leitoras moldes de roupas e desenhos para bordados, coisa que persiste até hoje em publicações do tipo.

Outro modelo de publicação que se desenvolve no século XIX é o das revistas literárias e científicas. Várias delas, fundadas entre 1840 e 1890, estão vivas até hoje. É o caso da *Scientific American* e da *National Geographic Magazine*. Nessa mesma época também voltam a ganhar força as publicações dirigidas a uma única área do conhecimento. Assim, arqueólogos, filólogos, geógrafos, médicos, engenheiros e tantos outros estudiosos ao redor do mundo passam a contar com revistas específicas, que trazem as últimas novidades e estudos na área. Com circulação restrita, elas se transformaram em referência em seu meio e deram origem às revistas especializadas, ligadas a categorias profissionais ou a temas de interesse técnico.

Na história da imprensa, porém, talvez nada tenha contribuído tanto para o progresso do gênero como o nascimento da primeira revista semanal de notícias. Em 1923, nos Estados Unidos, dois jovens, Briton Hadden e Henry Luce, para atender à necessidade de informar com concisão em um mundo já congestionado pela quantidade de informações impressas, lançaram a *Time*. A ideia era trazer notícias da semana, do país e do mundo, organizadas em seções, sempre narradas de maneira concisa e sistemática, com todas as informações cuidadosamente pesquisadas e checadas. Mesmo sem ter essa receita editorial definida desde o primeiro número, Hadden e Luce foram aperfeiçoando a fórmula, tendo sempre em vista a necessidade de não deixar homens ocupados perderem tempo na hora de consumir informação. Guiados ainda pela ideologia norte-americana de culto ao sucesso, acabaram inaugurando uma ideia que também daria volta ao mundo e produziria similares em todo o planeta, inclusive no Brasil, com o surgimento da *Veja*, em 1968.

Com a mesma ideia de concisão em mente e aproveitando o desenvolvimento da fotografia na imprensa, de novo é Henry Luce, em 1936, quem inventa uma nova fórmula de revista – *Life*, a semanal ilustrada. Ela nasce impressa em papel de qualidade e em formato grande, adotando a ideia de que uma boa imagem vale mais do que uma boa descrição. Por isso mesmo, valorizava ao máximo a reportagem fotográfica. O editorial do primeiro número tornou-se célebre. Nele, a revista se propunha a "ver a vida; ver o mundo; testemunhar grandes acontecimentos; observar o rosto do pobre e os gestos dos orgulhosos; ver coisas estranhas...".

Life foi copiada com sucesso na França por *Match*, que, depois da Segunda Guerra Mundial, passou a se chamar *Paris Match* e continua a ser uma das revistas mais vendidas naquele país até hoje. Na Alemanha, *Stern*, que usa a mesma fórmula, também é uma das publicações mais vendidas. E, como não poderia deixar de ser, o Brasil também a copiou, vide *O Cruzeiro* e *Manchete*, dois grandes fenômenos editoriais, conforme veremos no próximo capítulo.

Um ano antes do lançamento de *Time*, em 1922, o jornalista norte-americano DeWitt Wallace e sua mulher, Lila Acheson Wallace, preocupados em oferecer informações concisas, tiveram uma ideia que agradaria a milhões de pessoas no mundo inteiro. Criaram o *Reader's Digest* (*Seleções Reader's Digest*), uma publicação que condensava artigos editados em outras revistas e jornais e oferecia ao leitor uma variedade de assuntos que ele não encontraria em nenhum outro lugar. Os textos do *Reader's Digest* tinham de ser, obrigatoriamente, de leitura agradável, linguagem acessível e tom otimista, vendendo o sonho e a ideologia norte-americana. Entre as décadas de 1940 e 1950, a revista chegou a vender cerca de 50 milhões de exemplares no mundo todo. A edição em português, que saiu pela primeira vez em 1942, vendia 500 mil exemplares no final da década de 1950. Hoje, mesmo não alcançando mais esses números e tendo perdido muitos leitores no fim da década de 2000, ainda é uma das revistas mais vendidas no planeta, com 50 edições em 21 idiomas.

Nos anos 1930, a ideia de reunir tiras de quadrinhos editadas anteriormente em jornais e reproduzi-las em uma só publicação deu origem às revistas em quadrinhos, que logo começariam a publicar histórias inéditas e seriam divididas em dois tipos: infantis e para adultos. Nessa mesma época, começou-se a cobrir cada vez mais a promissora indústria cinematográfica. Em Hollywood, nasceram as primeiras revistas de fãs, com grande sucesso de vendas. No Brasil, seguindo o mesmo padrão, nas décadas de 1940 e 1950, a revista *Cinelândia* chegou a vender 250 mil exemplares em bancas.

Enquanto isso, nos estúdios de Cinecittá, na Itália, inventava-se mais um modelo de revista que faria enorme sucesso e, do mesmo modo, seria copiado mundo afora, principalmente nos países latinos. Surgiam as fotonovelas, histórias românticas em fotografias, produzidas nos cenários dos estúdios de cinema durante os intervalos entre as filmagens. No Brasil, a ideia foi imitada e também deu certo. A revista *Capricho* chegou a vender cerca de 500 mil exemplares por quinzena nos anos 1950. Em sua capa, vinha estampado o *slogan* "A maior revista da América do Sul".

Quando surge a televisão, as revistas de cinema e as de fotonovelas perdem força, do mesmo modo como as revistas de rádio haviam sido engolidas antes pelas publicações especializadas em cinema. A história mostra que a cobertura do meio de comunicação mais popular acaba suplantando as demais. Em razão de, desde então, a TV ter crescido e se popularizado tanto, em muitos países as revistas que publicam a programação de TV, complementadas com notícias sobre celebridades, são hoje campeãs de venda.

As revistas femininas, como vimos, já existiam desde há muito. Mas duas boas novas fórmulas reforçaram o modelo e foram copiadas ou licenciadas no mundo todo. Logo depois da Segunda Guerra Mundial, em 1945, na França, com a intenção de restituir à mulher francesa o gosto pela vida, Hélène Gordon-Lazareff cria *Elle*, uma revista feminina semanal. Depois de tantos anos de privação e sofrimento, a leitora encontrou nas páginas de *Elle* ideias para se redescobrir, redescobrir seu país e, principalmente, recuperar sua feminilidade com pouco dinheiro. Podia transformar sua casa e sua mesa com os parcos recursos disponíveis de então. O sucesso foi imediato. Hoje, *Elle* é uma fórmula licenciada em 27 países e, mesmo apresentando algumas diferenças de um lugar para outro – em alguns países é mais voltada para a moda, em outros não – sempre vende bem onde quer que seja editada.

Mas a revista feminina que se tornou o maior sucesso de todos os tempos – e hoje é o título que possui mais edições internacionais – foi inventada por uma secretária, autora de um livro chamado *Sex and the single girl* (O sexo e as solteiras). O sucesso do livro foi tanto que, em 1962, Helen Gurley Brown (a secretária) procurou um editor para propor uma publicação com os mesmos temas. Nascia aí a *Cosmopolitan*, que logo provaria que os problemas e anseios de jovens interessadas em carreira, independência e relacionamento são iguais ou, no mínimo, parecidos no mundo inteiro. A revista tem hoje 58 edições, em 34 idiomas, espalhadas pelo mundo. No Brasil, *Cosmopolitan* chama-se *Nova*.

Revistas femininas sempre fizeram muito mais sucesso do que revistas masculinas – no mundo todo há muito mais mulheres lendo revistas do que homens. Mas algumas fórmulas para o público masculino também deram certo internacionalmente. Em 1953, em Chicago, Hugh Hefner, um ex-funcionário do departamento de promoções da revista masculina *Esquire*, inventou a *Playboy*. Hefner misturou a sofisticação da *Esquire* – que combinava bom jornalismo, boa ficção, humor requintado, moda, bebida e gastronomia – com fotos de garotas sem roupa. A ideia era despertar o *voyeur* que há em cada homem, exibindo nas páginas da revista não mulheres que tiravam a roupa facilmente, mas aquela garota, a filha do vizinho, que todos queriam ver. Deu muito certo. A invenção de Hefner é uma das fórmulas editoriais mais copiadas do mundo – *Playboy* tem hoje 27 edições internacionais licenciadas, além de incontáveis cópias de todo tipo de qualidade.

CAPÍTULO III

A evolução das revistas no Brasil

A história das revistas no Brasil, assim como a da imprensa em qualquer lugar do mundo, confunde-se com a história econômica e da indústria no país. As revistas chegaram por aqui no início do século xix junto com a corte portuguesa – que vinha fugindo da guerra e de Napoleão. Quer dizer, chegaram com o assunto de que iriam tratar e com os meios para serem feitas. Antes disso, proibida por Portugal, não havia imprensa no Brasil.

A primeira revista, *As Variedades* ou *Ensaios de Literatura*, aparece em 1812, em Salvador, na Bahia e, segundo ela própria, propunha-se a publicar discursos sobre costumes e virtudes morais e sociais, algumas novelas de escolhido gosto e moral, extratos de história antiga e moderna, nacional ou estrangeira, resumos de viagens, pedaços de autores clássicos portugueses – quer em prosa, quer em verso –, cuja leitura tenda a formar gosto e pureza na linguagem, algumas anedotas e artigos que tenham relação com os estudos científicos propriamente ditos e que possam habilitar os leitores a fazer-lhes sentir a importância das novas descobertas filosóficas.

Como todas as outras revistas de sua época, *Variedades* também tinha cara e jeito de livro.

Em 1813, no Rio de Janeiro, surge *O Patriota*, a segunda revista publicada no Brasil. Contando com colaboradores da elite intelectual do período, a revista, como o próprio nome sugere, propunha-se a divulgar autores e temas da terra. Na década de 1820, a elite brasileira começa a ampliar seu foco de interesses.

Não só o beletrismo e os interesses dos bacharéis de Direito ganham espaço nas publicações. Recém-independente, o país precisa de engenheiros, cientistas, médicos, militares... *Anais Fluminenses de Ciências, Artes e Literatura*, lançada em 1822, no Rio de Janeiro, mostra os sinais dessa mudança refletidos na pauta que abarcava vários campos do conhecimento humano.

Em 1827, acontece a primeira segmentação por tema. Dedicada aos novos médicos que começam a atuar no país, surge *O Propagador das Ciências Médicas*, órgão da Academia de Medicina do Rio de Janeiro, considerada a primeira revista brasileira especializada. Nesse mesmo ano aparece a pioneira entre as revistas femininas nacionais: *Espelho Diamantino* – Periódico de Política, Literatura, Belas Artes, Teatro e Moda dedicado às Senhoras Brasileiras, que trazia textos leves e didáticos sobre política nacional e internacional, trechos de romances estrangeiros, críticas de literatura, música, belas-artes, teatro e notícias sobre moda, além de crônicas e anedotas. Tudo isso para deixar a mulher "à altura da civilização e dos seus progressos".

Todas essas publicações têm vida curta. Sofrem com a falta de assinantes e de recursos. Algumas saem apenas uma vez, com baixíssimas tiragens, outras, duas ou três. No máximo, duram um ano ou dois. A vida das revistas começa a mudar quando é lançada, em 1837, *Museu Universal*. Refletindo a experiência das Exposições Universais europeias que dominam o século XIX com textos leves e acessíveis, a publicação foi feita para uma parcela da população recém-alfabetizada, a quem se queria oferecer cultura e entretenimento. Além dessas inovações, a revista trazia ilustrações.

Com essa fórmula – que era a cópia dos magazines europeus – e o avanço das técnicas de impressão, o jornalismo em revista brasileiro encontra um caminho para atingir mais leitores e, assim, conseguir se manter. Na mesma linha de *Museu Universal*, surgem *Gabinete da Lei-*

tura, Ostensor Brasileiro, Museu Pitoresco, Histórico e Literário, Ilustração Brasileira, O Brasil Ilustrado e *Universo Ilustrado*. E até mesmo as revistas eruditas, como *Íris, Guanabara* e *O Espelho*, começam a adotar fórmulas parecidas, incluindo imagens e amenidades.

Com o lançamento de *A Marmota na Corte*, em 1849, tem início a era das revistas de variedades – que abusam das ilustrações, dos textos mais curtos e do humor. As caricaturas são a febre seguinte no Brasil. Nomes como Henrique Fleuiss, de *Semana Ilustrada*, e Ângelo Agostini, de *Revista Ilustrada*, fazem escola e inauguram por aqui um jeito divertido de dar notícias e fazer crítica social e política. Henrique Fleuiss também é responsável pela publicação das primeiras fotos nas revistas brasileiras. Sua *Semana Ilustrada* publica, em 1864, cenas de batalhas da Guerra do Paraguai.

No início do século xx, na chamada *Belle Époque*, ocorre uma série de transformações científicas e tecnológicas que vão refletir a vida cotidiana e a remodelação das cidades. As revistas acompanham essa euforia – centenas de títulos são lançados – e, com as inovações na indústria gráfica, apresentam um nível de requinte visual antes inimaginável. Nesse momento, o Rio de Janeiro, capital da República, possuía o maior parque gráfico do país, onde vão proliferar publicações de todos os gêneros. A imprensa começa a se profissionalizar, acompanhando a evolução da nascente industrialização nacional. Para fundar e manter uma revista, passa a ser necessário unir, a um só tempo, técnica e capital.

Nesse período, as publicações se dividem entre as de variedades e as de cultura. Há inúmeros grupos de intelectuais, das mais variadas tendências, que fundam sua própria revista – entre elas, a *Klaxon*, que divulgou os ideais da Semana de Arte Moderna de 1922. Nas revistas de variedades, as caricaturas continuam em alta e surgem talentos como J. Carlos, K. Lixto e Raul, até hoje considerados grandes mestres do gênero. Ao mesmo tempo, com o avanço dos processos de impressão, as fotografias também ganham espaço nas páginas de revistas. A *Revista da Semana*, lançada em 1900, é pioneira na utilização sistemática de fotos, especializando-se em fazer reconstituições de crimes, em estúdios fotográficos.

Entre o final do século XIX e o início do XX, surge um novo tipo de revista. Chamadas "galantes", eram voltadas para o público masculino e traziam notas políticas e sociais, piadas e contos picantes, caricaturas, desenhos e fotos eróticas. A *Rio Nu* foi a primeira, em 1898, mas o auge do gênero vem em 1922, com o lançamento de *A Maçã*, que se propõe a "dizer com graça, com arte, com literatura, o que se costumava dizer por toda parte sem literatura, sem arte e muitas vezes sem graça". No começo do século XX surgem, também, revistas ligadas à nascente indústria nacional. É de 1911 a primeira revista sobre automóveis (*Revista de Automóveis*) e de 1915 a primeira sobre aviões (*Aerófilo*).

As primeiras histórias em quadrinhos nacionais aparecem em 1905 na *Tico-Tico*, que seria por mais de 50 anos o grande sucesso entre as crianças brasileiras. É de 1939 a revista que viraria sinônimo de histórias em quadrinhos: *Gibi*, editada pela Rio Gráfica, com histórias de Popeye, Super-Homem, Tarzan, Zorro... E, em 1950, com o lançamento de *Pato Donald*, as histórias de Walt Disney chegam ao Brasil pelas mãos de Victor Civita, fundador da Editora Abril.

FENÔMENOS EDITORIAIS

Em 1928, nasce o que viria a ser um dos maiores fenômenos editoriais brasileiros: *O Cruzeiro*. Criada pelo jornalista e empresário Assis Chateaubriand, a publicação estabelece uma nova linguagem na imprensa nacional, por meio de grandes reportagens e dando uma atenção especial ao fotojornalismo.

Na década de 1950, chega a vender cerca de 700 mil exemplares por semana. Colada nesse sucesso e aproveitando a euforia do pós-Guerra, em 1952 surge *Manchete*, da Editora Bloch – uma revista ilustrada que valoriza, ainda mais que *O Cruzeiro*, os aspectos gráfico e fotográfico. Otimista, a publicação coloca sua técnica "a serviço da beleza do Brasil", além de lançar e manter colunas de cronistas como Rubem Braga, Paulo Mendes Campos etc.

Incapaz de se renovar e sofrendo com a derrocada do império de Assis Chateaubriand, *O Cruzeiro* morre na década de 1970. *Manchete* sobrevive até o começo da década de 1990. Depois, acompanhando a decadência do grupo Bloch, por um lado, e a falência do modelo das revistas semanais ilustradas, por outro, vai perdendo seu público.

Também enfocada na reportagem e no jornalismo investigativo, mas com postura mais crítica que *O Cruzeiro* e *Manchete*, surge, em 1966, *Realidade*, que, como já vimos, fechou em 1976 e é considerada uma das mais conceituadas revistas brasileiras de todos os tempos. Depois dela, a Editora Abril investiu em *Veja*.

Veja é hoje a revista mais vendida e mais lida do Brasil, o único título semanal de informação no mundo a desfrutar de tal situação. Em outros países, revistas semanais de informação vendem bem, mas nenhuma é a mais vendida. Lançada em 1968, nos moldes da norte-americana *Time*, *Veja* lutou com dificuldade, durante sete anos, contra os prejuízos e contra a censura do governo militar, até acertar sua fórmula. As vendas começaram a melhorar quando a revista passou a ser comercializado por assinatura, em 1971. Hoje, as assinaturas correspondem a 85% da venda dos cerca de 1,1 milhão de exemplares semanais.

Para formar a primeira equipe de *Veja*, a Editora Abril selecionou, em todo o país, e treinou durante três meses, cem jovens com formação superior. Dentre eles, cinquenta foram aproveitados na redação. Era o primeiro Curso de Jornalismo de empresa, e o primeiro também a falar sobre jornalismo em revista. *Veja* é hoje a terceira revista de informação mais vendida no mundo, atrás das norte-americanas *Time* e *Newsweek*. No Brasil, a primeira concorrente de *Veja* foi *Visão*, que já existia quando a revista da Abril foi lançada. Depois vieram *Isto é*, *Senhor* (reedição de um título que já havia feito muito sucesso no final dos anos 1950), *Afinal* e *Época*.

Voltada para um público formado por empresários, executivos e homens da classe média urbana, *Visão*, lançada em 1952 por um grupo de empresários norte-americanos, pode ser considerada, de alguma maneira, a antecessora das revistas semanais de informação no Brasil (como *Veja* e *Isto é*) e das revistas de negócios (como *Exame*). Aproveitando a consolidação de uma sociedade urbana e industrial no país, na década de 1950, criou um modelo de jornalismo que privilegiava a análise, a clareza das informações e a capacidade de síntese.

Nesse mesmo momento – a década de 1950 –, começam a proliferar as revistas voltadas para a análise econômica e, um pouco mais adiante, na década de 1960, é lançada uma série de publicações técnicas voltadas para atividades econômico-industriais, como *Dirigente Rural, Transporte Moderno, Máquinas e Metais, Química e Derivados*. Nas três últimas, editadas pela Editora Abril, vinha encartado um suplemento sobre economia chamado *Exame*, que ganharia vida própria a partir de 1971 e se transformaria na mais vendida revista de negócios do país.

Nascidas na Itália, logo depois da Segunda Guerra Mundial, as fotonovelas – histórias de amor fotografadas que misturavam técnicas de cinema com quadrinhos – foram responsáveis por impressionantes números de circulação de revistas brasileiras nas décadas de 1950 e 1960. *Capricho*, da Editora Abril, lançada em 1952, chegou a tirar meio milhão de exemplares quinzenalmente. Desbancadas pelas novelas de televisão, essas revistas começam a mudar no final dos anos 1970 e assumem outros modelos. Algumas transformam-se em publicações voltadas para adolescentes, enquanto outras passam a cobrir o mundo da TV, reforçando a vocação das revistas para a cobertura da indústria cultural – que começa com o rádio (*Revista do Radio*) e o cinema (*Cinelândia*) e segue para a televisão.

Em 1959, época de efervescência da cultura nacional – com a Bossa Nova, a construção de Brasília, o Cinema Novo –, surge o que seria uma das mais bem sucedidas experiências em revistas no Brasil. Criada por Nahum Sirotsky, ex-editor de *Visão* e de *Manchete*, a revista *Senhor* conseguiu reunir o que havia de melhor em jornalismo, *design*, humor e literatura no início dos anos 1960. Símbolo de elegância, qualidade visual e de texto, a revista tinha seu público cativo junto à classe média sofisticada das grandes cidades. *Senhor* viveu até 1963, mas muito do que se fez depois nas revistas brasileiras já estava ali.

Outra experiência de vanguarda é a revista *O Bondinho* (1970-1972). Feita para ser distribuída gratuitamente para clientes do supermercado Pão de Açúcar, a publicação passou a ser vendida em bancas no final de 1971. Endereçada ao público jovem e focada em comportamento, *O*

Bondinho publicava reportagens sobre movimentos de liberação sexual, medicina alternativa, música... – tudo com diagramação criativa e experimental. Convivendo com o regime militar, a revista seria apreendida algumas vezes das bancas, sob acusação de "subversão da ordem" ou "atentado aos bons costumes".

Desde o início da década de 1950 até meados da de 1960, várias revistas de cultura são lançadas e servem – as que conseguem sobreviver – para reunir intelectuais e, de alguma forma, reagir à ditadura militar instalada no país a partir de 1964. Entre elas, têm destaque a *Revista da Civilização Brasileira*, *Anhembi* e a *Revista Brasiliense*. É na década de 1960 que também aparecem os primeiros quadrinhos nacionais de grande sucesso, como os de Ziraldo (*Pererê*) e os de Maurício de Souza.

No final da década de 1950 e na década de 1960, as revistas, já reconhecidas como bons veículos para a publicidade, acompanham muito de perto o desenvolvimento da indústria. Começa a se delinear, ali, o moderno conceito de segmentação editorial. Surgem nessa época, como se viu, as revistas técnicas segmentadas. Com o crescimento da indústria de fios e tecidos, são criadas as revistas de moda. Em 1960, acompanhando o surgimento da indústria automobilística e da construção de estradas no Brasil, é lançada *Quatro Rodas*.

SÓ PARA MULHERES

As revistas femininas existem desde que surgiram revistas no país. Elas começaram a aparecer aqui e ali sem muito alarde, geralmente feitas e escritas por homens. Traziam as novidades da moda, importadas da Europa, dicas e conselhos culinários, artigos de interesse geral, ilustrações, pequenas notícias e anedotas. Esse modelo foi repetido, com pequenas diferenças, durante todo o século XIX e a primeira metade do século XX. É certo que houve, também, nesse período, publicações feitas de mulheres para mulheres, preocupadas com sua condição na sociedade e seus direitos, mas são poucas e a maioria tem vida curta.

Na década de 1950, como já se viu, surgem as revistas de fotonovelas, que atingem em cheio o público feminino. Recheadas de histórias românticas, também não estão preocupadas em mudar nenhum modelo de sociedade. Mas a mulher começa, a partir daí, a ser identificada como mercado consumidor – público privilegiado de revistas –, e logo as publicações começam a se diversificar. Em 1959, nasce a primeira revista de moda, *Manequim* – que trazia encartados, e até hoje traz, moldes de roupas para fazer em casa.

Em 1961, para acompanhar não só a vida da mulher que mudava, mas também a indústria de eletrodomésticos que nascia, surge *Claudia*. No início, não descola do modelo tradicional: novelas, artigos sobre moda, receitas, ideias para a decoração e conselhos de beleza. Aos poucos, porém, começa a publicar seções que vão dando conta das mudanças na vida da mulher, como consultas jurídicas, saúde, orçamento doméstico e sexo.

Com *Claudia* nasce também a produção fotográfica de moda, beleza, culinária e decoração no Brasil. Fotos desse tipo até então (e no começo da vida de *Claudia* também) eram todas importadas. Logo, a equipe da revista descobre que é necessário fazer uma publicação mais brasileira e, para isso, percebe que é preciso fotografar o estilo, a comida, a casa e, principalmente, a mulher brasileira. Nasce ali também a primeira Cozinha Experimental, onde começam a ser testadas todas as receitas publicadas na revista.

Mas foi a jornalista e psicóloga Carmen da Silva, colunista de *Claudia* a partir de 1963, quem começou de fato a mudar o jornalismo feminino. Sua coluna, "A Arte de Ser Mulher", quebrou tabus e se aproximou de forma inédita das mulheres, tratando temas até então intocáveis, como a solidão, o machismo, o trabalho feminino, a alienação das mulheres, seus problemas sexuais.

Nos anos 1970, com a mulher entrando para valer no mercado de trabalho, há um grande crescimento no mercado de revistas femininas. Nesse momento, começam a aparecer também revistas que não tratam as mulheres como simples donas de casa e mães, mas como profissionais em busca de realização. *Nova* e *Mais*, por exemplo, são dessa época.

Hoje, as grandes revistas femininas seguem modelos muito parecidos e, apesar de cada uma olhar para um tipo específico de mulher – o seu público –, repetem fórmulas e cobrem mais ou menos o mesmo universo. Por outro lado, a segmentação fez nascerem filhotes também na imprensa feminina. Da revista *Claudia*, por exemplo, saíram *Casa Claudia*, *Claudia Cozinha* e *Claudia Moda*. Há publicações destinadas a mulheres interessadas em ginástica, emagrecimento ou cirurgia plástica. Há revistas para noivas, para mães, para mães de bebês. Hoje, o segmento feminino representa a maior fatia do mercado de revistas.

HOMENS, ESPORTES E SEGMENTAÇÃO

As revistas eróticas, chamadas "galantes", que fizeram tanto sucesso no início do século xx, desaparecem nos anos 1930 por conta da censura e da moral conservadora da época. Só voltam ao cenário na década de 1960, com a liberalização dos costumes. Claro que pequenas revistas eróticas e pornôs, vendidas clandestinamente, andaram escondidas dentro de armários e debaixo de colchões durante todos esses anos. Entre elas, as mais famosas são os "catecismos", revistas em quadrinhos criadas por Carlos Zéfiro (pseudônimo do compositor e funcionário público Alcides Caminha).

Na década de 1960, surgem então as revistas masculinas que, além de publicar fotos de mulheres nuas, se preocupam em oferecer um conteúdo editorial de qualidade. Em 1966, é lançada *Fairplay*, da Editora Efecê, que não perdura por causa dos constantes embates com a censura e do preconceito dos anunciantes. Em 1969, a Editora Bloch lança *Ele e Ela*, uma revista "para ser lida a dois", que trazia mulheres nuas e reportagens sobre temas comportamentais ligados à relação homem-mulher. Tratando de assuntos polêmicos para a época e falando abertamente sobre tabus, a revista chega a vender 700 mil exemplares na década de 1970. Atrás desse sucesso, nascem *Status* e *Homem* (que depois passará a se chamar *Playboy*), em 1974 e 1975, respectivamente.

É incrível que o país do futebol não tenha ainda uma grande revista de futebol. *Placar*, lançada em 1970 pela Editora Abril, aproveitando o embalo da Copa do Mundo, foi a experiência mais bem-sucedida nessa área, embora cheia de altos e baixos. Antes dela, revistas como *Esporte Ilustrado*, *A Gazeta Esportiva Ilustrada* e *Manchete Esportiva* tiveram vida curta. Mas se as grandes revistas de esporte não deram certo, a segmentação nessa área tem mostrado que funciona. Revistas de tênis, esportes náuticos, basquete, golfe, ciclismo, *motocross*, *skate*, *bodyboard* e de *surf* nascem e sobrevivem dirigindo-se a públicos pequenos e fiéis. Estas últimas, inclusive, têm protagonizado experiências importantes com linguagem gráfica, que acabaram absorvidas por revistas maiores. É o que se vê em publicações que vão desde a pioneira *Brasil Surf*, de 1975, até *Trip*, que hoje deixou de ser uma revista de surfistas para se tornar uma publicação masculina direcionada ao público jovem.

Publicações ligadas à cultura pop, que falam sobre música, comportamento, moda, arte e consumo, surgem em profusão nas décadas de 1960 e 1970, quando começa a ser identificada na população uma faixa etária intermediária entre as crianças e os adultos: os jovens. Também nesse mercado, a segmentação se mostra mais eficaz do que a tentativa de falar com muitos leitores ao mesmo tempo. No caso da música, por exemplo, quem gosta de rock não quer saber de MPB e vice-versa. E quem gosta de rock pesado não quer saber de baladinhas. E por aí vai...

Dentro desse mercado segmentado, crescem as revistas científicas, tanto as especializadas como as para leigos, confirmando uma das fortes vocações do veículo. A partir da década de 1980, aumenta a preocupação em cuidar do corpo e, junto com ela, começam a surgir publicações como *Saúde*, *Boa Forma*, *Corpo a Corpo*, *Plástica*, *Dieta*... Revistas de decoração e arquitetura se multiplicam e também se subdividem em menores – existem aquelas dedicadas a quem quer cuidar do jardim, a quem quer decorar o escritório, uma loja ou um quarto de bebê. E essa segmentação pode alcançar públicos tão específicos como "mulheres que fazem enfeites para festas infantis" ou "marceneiros que trabalham com madeira certificada".

CAPÍTULO IV

O que diferencia uma revista dos outros meios?

Como já foi visto, revista trata o leitor por você, fala com ele diretamente e, às vezes, com intimidade. Para fazer isso, contudo, primeiro é preciso saber ouvi-lo.

São várias as maneiras de escutar o que o leitor quer e tem a nos dizer. Seja por intermédio de pesquisas – qualitativas e quantitativas – ou mesmo por meio de telefonemas, cartas e e-mails enviados à redação. Para quem trabalha em uma publicação que depende muito da sintonia fina com seu público, esse contato é essencial.

O serviço de atendimento ao leitor é um espaço de conversa privilegiado na relação entre o público e sua revista. É ali que os leitores reclamam quando acham que a revista errou, dão palpites, oferecem ideias, brigam, pedem ajuda... Atualmente, a maioria das revistas tem uma linha telefônica e/ou um e-mail reservado exclusivamente para atender a seus leitores. Dali saem sugestões de pauta, sente-se o pulso das seções e das matérias, medem-se os erros e acertos de cada edição.

O leitor sente tanta afinidade com sua revista predileta que é comum ocorrer o que certa vez aconteceu na *Playboy*: um garoto de dez anos ligou para o atendimento ao leitor, pedindo para chamarem "rápido" ao telefone a atriz Luiza Thomé – estrela da capa na edição daquele mês. A mãe do garoto havia acabado de entrar no banho e ele queria aproveitar aquele tempo para conversar com a atriz. Enquanto isso, a *Capricho*, por exemplo, recebe milhares de contatos por mês – pelo site, por e-mails, cartas e ligações telefônicas –, com todo o tipo de dúvidas, críticas, elogios e sugestões. Já houve até casos de leitoras que pediam, por telefone, explicações sobre manobras radicais de *bodyboarding*.

Quanto às pesquisas de opinião, antes de tudo, o mais importante é definir o que se quer saber. Pesquisas não fabricam sucessos, não constroem modelos, mas podem confirmá-los. O jornalista e grande editor de revistas Thomaz Souto Corrêa costuma dizer que pesquisas, por si só, não fazem uma revista. É verdade. Se o editor não tiver uma ideia prévia na cabeça, nada acontece. Não adianta fazer pesquisas que perguntem ao leitor que revista, afinal de contas, ele quer ler. É preciso ter antes uma ideia bastante clara da publicação e do público que se quer atingir. A pesquisa, então, será útil para determinar as possíveis correções de rota, ou mesmo identificar se aquela ideia tem ou não futuro junto ao público específico.

Há pesquisas qualitativas em que os editores podem observar, sem ser vistos, grupos de leitores analisando a revista. São momentos preciosos. Ali está o leitor, em carne e osso, com a revista na mão... Demorando-se em algumas páginas, pulando outras, lendo de trás para a frente... É nessa hora que dá para perceber os acertos e os erros cometidos. Dá para perceber o que funciona e o que não funciona em termos de *design*, ou os assuntos que prendem a atenção e aqueles pelos quais o leitor passa sem sequer notar e mesmo o que o surpreende, o que o atrai. Há, por exemplo, seções na revista que os editores particularmente adoram. Nesse momento, pode ficar claro se não são apenas os editores que as acham assim tão boas...

Ao lançar mão das pesquisas, contudo, é preciso muito cuidado para não quebrar a espontaneidade da relação entre o jornalista e o leitor. É necessário manter o lampejo de intuição original que fez nascer a revista. Um grande editor que estabelece uma relação estreita com determinado público, muitas vezes sabe (melhor dizendo, deve necessariamente saber), antes mesmo que o próprio leitor, o que aquele segmento de mercado quer ou vai querer ler, pois só assim a revista será capaz de antecipar o desejo do público e surpreendê-lo.

Há outras formas de buscar uma aproximação maior com o leitor, além das pesquisas e do serviço de atendimento. Como nem sempre, em termos estatísticos, aqueles que procuram espontaneamente a revista, por carta ou telefone, podem ser considerados uma amostra representativa do universo real dos leitores, é comum mandar equipes sair à procura deles, onde eles estiverem. Práticas como a de entrevistar leitores sistematicamente ou reunir grupos deles para conversar com a equipe sempre produzem bons resultados. Seja como for, o fato é que, na absoluta maioria dos casos de publicações bem-sucedidas no mercado, existe sempre algum modo, formal ou informal, de escutar periodicamente o público.

O que vale para todo jornalista, sempre, é não perder a oportunidade, quando esta se apresenta, de observar um leitor folheando a revista em cuja redação trabalha. No aeroporto, no ônibus, na praia... Preste atenção no que ele lê ou não lê, quando ri, quando fica sério, quando pula páginas sem nenhuma piedade, quando para, quando se surpreende. Esse tipo de observação silenciosa é, na verdade, a melhor bússola para quem escreve em revista.

AONDE QUER QUE VOCÊ VÁ

Um ponto que diferencia visivelmente a revista dos outros meios de comunicação impressa é o seu formato. Ela é fácil de carregar, de guardar, de colocar em uma estante e colecionar. Não suja as mãos como os jornais, cabe na mochila e disfarçada dentro de um caderno, na hora da aula. Seu papel e impressão também garantem uma qualidade de leitura – do texto e da imagem – invejável. Dá para imaginar um jeito melhor de fornecer dicas de decoração ou de mostrar o novo desenho de um carro, por exemplo?

É preciso respeitar a vocação essencial de cada meio. Não adianta querer reproduzir os recursos da internet ou da TV em papel, assim como não dá para fazer uma revista de papel no vídeo ou na tela do computador. Hoje, entretanto, com os *tablets* (iPad, por exemplo), há boas experiências de revistas em novos suportes. E boas revistas terão sempre lugar garantido no coração e no bolso de seus leitores. Revistas "mais ou menos", que não sabem bem se querem ser TV, jornal ou internet, e que não apostam no que são essencialmente, estão fadadas a morrer muito rápido.

Entre os tamanhos de revista, que variam, em média, de 13,5×19,5 cm até 25×30 cm – existem as maiores e menores, mas são exceções –, sempre há um que agrada a determinado leitor e que serve de medida a um tipo de publicação. O formato mais comum é de 20,2×26,6 cm – que é o tamanho das revistas *Veja* e *Time*, por exemplo. Tal medida não é a mais comum por acaso: é a que representa melhor utilização do papel e, por isso, uma maior economia. O tamanho dos gibis (como *Mônica* ou *Pato Donald*), pelo mesmo motivo, tem a metade desse formato.

Hoje em dia, com as inovações tecnológicas, é possível pensar em muitos outros formatos de revistas, sem contudo elevar os custos de produção e tornar o negócio inviável. Revistas femininas europeias, por exemplo, estão reduzindo seu formato, aproximando-se do tamanho tradicional do livro para que caibam na bolsa das mulheres. Na Europa, fazem um tremendo sucesso. Elas medem 16,5×22,5 cm até 17,5×23 cm e, muito apropriadamente, são chamadas de "revistas de bolso". Na Itália, por exemplo, a *Glamour*, líder entre as revistas mensais femininas não populares, foi relançada em formato menor e subiu de 140 mil para 250 mil exemplares vendidos por mês. Na Espanha, quando a mesma *Glamour* foi lançada, também no formato de bolso, chegou a vender 386 páginas de publicidade. Em seu editorial, a diretora de redação dizia às leitoras que a revista seria "seu talismã, pequena e jeitosa", que poderia ser levada para todos os lugares.

Há revistas enormes, quadradas, finas, grossas... Não importa o que muda nos formatos, o que se deve respeitar sempre é a necessidade de carregar, de guardar, de colecionar – e até mesmo de rasgar, se for o caso – que os leitores têm. Ainda devido à qualidade do papel e da impressão, outro grande diferencial positivo das revistas, principalmente em relação aos jornais, é a sua durabilidade. Elas duram muito mais (graças à qualidade do papel, é verdade, mas pelo conteúdo também). É só dar uma olhada nas salas de espera dos consultórios de médicos e dentistas...

NÃO SAI TODO DIA

A periodicidade das revistas (geralmente semanais, quinzenais ou mensais) também as diferencia dos outros meios – o que, consequentemente, interfere muito no trabalho dos jornalistas envolvidos em sua produção. Fatos que rendem notícias acontecem todos os dias, a toda hora, a todo momento. E é justamente essa a matéria-prima dos meios de comunicação em massa. Rádios, internet e televisão são capazes de veicular a notícia em tempo real, ou seja, no exato instante em que ela está acontecendo, enquanto os jornais a publicarão, com mais detalhes, no dia seguinte. Atualmente, diante da impossibilidade de concorrer com a velocidade das outras mídias, os jornais sentem-se obrigados a se repensar, encontrar novos caminhos, redefinir seu papel, ir em busca de um jornalismo mais analítico, menos factual.

E as revistas? Não dá para imaginar uma revista semanal de informações que se limite a apresentar ao leitor, no domingo, um mero resumo do que ele já viu e reviu durante a semana. É sempre necessário explorar novos ângulos, buscar notícias exclusivas, ajustar o foco para aquilo que se deseja saber, conforme o leitor de cada publicação. Nas redações de jornais ou de telejornais, quando acontece um terremoto, por exemplo, tudo treme. É preciso correr e dar a notícia em cima da hora. Nas revistas, a redação não treme. Ou treme bem menos. Se for para falar do terremoto, será necessário descobrir o que ninguém sabe sobre ele, explicá-lo de forma diferente.

Nas revistas quinzenais e mensais, esse problema é ainda mais evidente. Além de se distanciar ainda mais do tempo real da notícia, a publicação de periodicidade mais larga se obriga a não perecer tão rapidamente, a durar mais nas mãos do leitor. É por isso que a notícia "nua e crua" nunca teve lugar de destaque em revistas (a não ser em lugares e períodos em que elas eram o único meio de comunicação de que se dispunha). Nesse sentido, as revistas já se anteciparam ao problema que atualmente os jornais têm enfentado.

É exatamente essa característica que diferencia o trabalho do jornalista que trabalha em revistas. Quem trabalha em jornal, TV, rádio ou internet tem uma maneira peculiar de pensar, está condicionado a responder mais rápido aos fatos. A mudança de sintonia e de ritmo que deve, obrigatoriamente, ocorrer na cabeça de um jornalista que, depois de trabalhar em um jornal, vai bater ponto em uma revista nem sempre é óbvia ou fácil de assimilar.

Lembro-me de quando saí da *Folha de S. Paulo* para trabalhar como editora na *Playboy*. Logo que cheguei, no primeiro dia de manhã, fiz uma reunião de pauta com os repórteres da editoria e, já no final da tarde, lá estava eu esperando que eles me entregassem as matérias. Eles, é claro, acharam que eu era louca. Demorei para entender a necessidade de sair da factualidade excessiva, da superficialidade do dia a dia. Tão importante quanto conhecer seus leitores, compreender o ritmo de cada publicação e o quanto se permite mergulhar em uma pauta – e voltar a tempo de fechar a edição – é aprendizado urgente para o jornalista que pretende trabalhar em revistas.

CAPÍTULO V

Como anda o mercado para as revistas?

Como ocorre com todo o restante da imprensa, o mercado de revistas tem sofrido uma crise severa nos últimos anos. Além disso, a concorrência não pode mais ser encarada de forma localizada, de revista para revista, de meio para meio. Os veículos de comunicação concorrem entre si – revista com cinema, jornal com televisão, informação com diversão –, todos contra todos, disputando o tempo e o dinheiro das pessoas, cada vez mais escassos.

Além disso, a disputa pelos anúncios também é, hoje, muito mais agressiva. Os modelos comerciais tradicionais, aqueles em que as revistas sempre se basearam, estão sendo postos em xeque. O modelo norte-americano, por exemplo, bastante seguido aqui no Brasil, lastreado fortemente nos ganhos com publicidade, mostra-se agora insuficiente para garantir a saúde financeira do negócio – especialmente depois da crise financeira mundial de 2008. Há uma queda geral na quantidade e no tipo de anúncios que são veiculados em revistas. Além disso, os meios de comunicação disputam ferozmente entre si para oferecer espaços de publicidade diferenciados, ou seja, protagonizam uma acirrada disputa para conquistar também a atenção (e o dinheiro) do anunciante.

Contudo, as revistas já descobriram que não podem depender só (ou pelo menos não tanto) de receita publicitária. Segmentos em que historicamente a parcela da publicidade na receita total sempre foi elevada (às vezes de cerca de 80%) têm sofrido mais. Por outro lado, na Europa, modelos mais focados na circulação do que na publicidade têm mostrado surpreendentes resultados. Moral da história: os meios impressos, em geral, terão que voltar a ganhar dinheiro com circulação, seja com assinantes ou com a venda em bancas e em outros pontos alternativos.

Grandes modelos que deram resultado durante muitos anos também começam a ser observados com cautela e reserva. As revistas femininas (as generalistas, aquelas que têm um pouco de tudo), por exemplo, sempre foram um grande e indiscutível filão. Elas ainda são estrelas absolutas nesse mercado – *Marie Claire*, *Elle* e *Glamour* continuam ganhando novas edições em vários países –, porém todas vêm perdendo circulação nos últimos anos. Revistas que falam para públicos menores, como mulheres que se preocupam com qualidade de vida, com dietas ou com espiritualidade, em contrapartida, ganham terreno. De novo, é a velha máxima: é preciso falar com menos gente, para falar melhor.

Outra fórmula que tem caído em vendas, mas ainda mantém seu mercado mundial é a das revistas que trazem programação de televisão. Na França, por exemplo, *Telerama*, um semanário que mistura cultura e programação de tv, é um fenômeno que vende 650 mil exemplares por semana. Nos Estados Unidos, *TV Guide*, a maior no gênero, vende 2,7 milhões de exemplares semanais. Um filão que cresceu muito e influenciou os demais é o das revistas chamadas "de gente" ou "de celebridades". Títulos como *People* e *Hola* (a espanhola que inspirou *Caras*) ganharam o mundo e continuam com alta circulação. A necessidade de usar cada vez mais imagens e de fornecer informações rápidas ao leitor também influenciou muitos lançamentos ditos "mais sérios" nas últimas décadas. É o caso da semanal de notícias *Focus*, na Alemanha – modelo inicialmente seguido à risca pela revista *Época*, no Brasil.

Revistas, na verdade, podem ser chamadas de "supermercados culturais". Elas refletem a cultura dos lugares, o estilo de vida, e, em uma sociedade consumista como a em que vivemos, não é de se estranhar o fato de, apesar da crise econômica, as revistas que incentivam a febre pelas compras estarem em alta e representarem uma tendência significativa do mercado editorial. No início da década de 2000, na França, surgiram revistas chamadas de *magalogues* (uma junção de *magazines*, revistas, com *catalogues*, catálogos). São publicações que, como o próprio nome sugere, unem os dois formatos: mostram as tendências de moda, beleza e decoração e fornecem, em igual medida, o serviço para que o leitor possa comprar os produtos utilizados nas produções fotográficas. De certa forma, a revista *In Style* – que também teve sua fórmula licenciada em muitos países, inclusive no Brasil – também investe nisso.

Se, de um lado, as compras e os catálogos estão em alta, essa mesma sociedade seduzida pelo consumo – ou pelo menos a parte dela que não se rende a ele – está gerando um mercado crescente para revistas que pregam exatamente o contrário: uma vida mais simples, com ênfase no "consumo consciente". O foco se desvia do consumismo desenfreado para o que seriam as "necessidades essenciais" das pessoas e para uma filosofia ecológica, de proteção do planeta. No conturbado mundo contemporâneo, esse é, em vários países, um mercado em franca ascensão.

Ainda tratando de qualidade de vida, as revistas que falam de saúde, forma física e vida ativa foram responsáveis por muitos lançamentos de sucesso nas últimas décadas, como *Fit for Fun*, na Alemanha, ou *Men's Health*, nos Estados Unidos. O mesmo ocorreu com publicações que falam de decoração e de "viver bem" – tanto as que tratam da vida no campo como as que mostram o jeito de conviver, com charme e estilo, com os cenários típicos das grandes cidades, como *Wallpaper*, lançada na Inglaterra e exportada para os Estados Unidos.

Outro movimento editorial relacionado a mudanças culturais contemporâneas foi o surgimento recente de revistas masculinas que tratam, essencialmente, de comportamento. É claro que elas não são exatamente iguais às suas similares femininas. Continuam trazendo o apelo das fotos de mulheres sem roupa e mantêm, invariavelmente, um tom irreverente e bem-humorado. Mas procuram contemplar, agora, as mudanças comportamentais experimentadas pelos homens nos últimos tempos, como os cuidados com o corpo e a beleza.

A revista holandesa *Ode*, lançada no Brasil durante o Fórum Social Mundial no início de 2003, em Porto Alegre, existe desde 1995, é editada em inglês e em holandês e já teve edições em espanhol e português. Ela explora temas ainda pouco abordados pela grande imprensa. A publicação se propõe a mostrar boas notícias e bons exemplos de como a vida das pessoas pode melhorar – das condições econômicas às espirituais. Na França, hoje, a preocupação com a busca da felicidade e do bem-estar está fazendo o sucesso de revistas como *Psychologies* e *Bien dans ma vie.*

A multiplicação e a segmentação das revistas espelha também o grau de modernização de um país. Um país rico e desenvolvido certamente vai ter um sem-número de publicações, dos mais variados tamanhos, para todos os tipos de público. Assim é, hoje, o mercado norte-americano e o dos países da Europa Ocidental. Além do fenômeno da segmentação, há neles o que poderíamos chamar de "segmentação da segmentação". Por exemplo, há uma parcela dos franceses que adoram revistas sobre História, e, então, surgem revistas mensais sobre o tema. Com o tempo, elas vão se especializando e recortando o público de tal maneira que, hoje, por exemplo, há uma revista histórica francesa sobre Guerra da Argélia e outra que trata apenas de assuntos relacionados a Napoleão.

FEITAS SOB MEDIDA

Embora não se constitua exatamente uma novidade, outra tendência que tem se mostrado forte ultimamente é a de *custom publishing*, revistas feitas sob encomenda para empresas ou grupos. Publicações institucionais existem no Brasil desde o século XIX. A primeira foi *O Velocípede*, da Casa Comercial Bazar 65, na Bahia, em 1875. Em seguida, várias lojas de roupas do centro de São Paulo lançaram as suas. Em 1904, surgiu a *Antarctica Ilustrada*, uma revista "semanal, literária, comercial e esportiva", editada pela cervejaria Antarctica. Na década de 1960, essas revistas também se profissionalizaram e investiram em qualidade de texto, fotografia e recursos gráficos. Surgiram, então, algumas experiências interessantes, sempre valorizando em suas pautas a arte, a literatura e a cultura. Eram assim as revistas *Sua Boa Estrela*, da Mercedes-Benz, a *Revista da Goodyear* e a *Via Cinturato*, da Pirelli, por exemplo. Todas, no entanto, deixaram de circular.

Hoje, reforçando a tendência de segmentação, as empresas produzem revistas para se comunicar diretamente com seus clientes e funcionários, além de utilizá-las para sedimentar sua imagem institucional junto ao mercado. Esse é, sem dúvida, mais um duro golpe que atinge o coração do tradicional modelo de negócio das revistas, aquele baseado unicamente em receita de publicidade. Pois, se as empresas se encarregam de produzir suas próprias publicações, com certeza vão empregar nelas muito de sua verba destinada originalmente à publicidade. Como alternativa, grandes editoras estão investindo também nesse tipo de negócio – se não dispõem mais dos recursos da publicidade tradicional das empresas, ganham vendendo seu *know-how*, editando revistas específicas para elas. No Brasil, hoje, por exemplo, a Editora Trip, que edita as revistas *Trip* e *TPM*, produz também as institucionais da companhia aérea Gol, da loja de artigos de luxo Daslu, da indústria de cosméticos Natura e do supermercado Pão de Açúcar, entre outras.

EXPLOSÃO DE TÍTULOS POPULARES

O maior acontecimento no mercado de revistas brasileiro nas últimas décadas se deu na esteira do Plano Real. Com a estabilidade da moeda, a população das classes C e D experimentou um aumento real dos rendimentos e conseguiu, ainda que timidamente, entrar no chamado mercado consumidor. Como o próprio governo tratou de alardear, aumentaram as vendas de iogurte, frango e refrigerante no país. E de revistas também. As editoras, de olho nessa fatia emergente de público, começaram a publicar títulos populares, voltados especialmente para as mulheres da classe C.

Com preços baixos e assuntos relacionados geralmente à televisão e à vida doméstica, essas publicações chegaram a vender cerca de um milhão de exemplares por semana. Só as revistas populares da Editora Abril (*Ana Maria, Contigo!, Viva Mais* e *Minha Novela*) venderam cerca de 50 milhões de exemplares em 2002. A Símbolo Editora, com dois títulos (*Tititi* e *Mais Feliz*), planejou-se para vender 20 milhões de exemplares em 2003.

Mesmo com esses números astronômicos, conceber e manter publicações para esse mercado específico constitui um desafio histórico para os jornalistas. Uma visão preconceituosa foi responsável, em muitos momentos, por tais revistas populares tatearem no escuro. Havia, na categoria, a crença consolidada de que as classes populares, ao contrário do público habitual de revistas, não daria tanta importância à elegância visual e aos textos mal escritos, pois não tinha capacidade para apreciar recursos gráficos e textos mais caprichados. Resultado: as publicações do gênero começaram a chegar às bancas em cores berrantes, com projetos gráficos descuidados e textos simplórios, para só depois ajustarem seu foco e identificarem, gradualmente, as necessidades de seu público específico. Entre 1996 e 2002, esse segmento foi, talvez, o maior responsável pelo crescimento do mercado brasileiro de revistas, que subiu dos 300 milhões para 600 milhões de exemplares anuais.

Mesmo esse mercado tendo crescido nos últimos anos com a entrada das revistas populares, ele ainda é pequeno. No Brasil, leem-se 3,5 revistas *per capita* por ano, enquanto nos Estados Unidos são 30 e na Escandinávia, 60. Olhando esses números pelo lado positivo, eles revelam um grande potencial de crescimento, mesmo descontando aquela faixa da população que não lê e não lerá revistas simplesmente porque, enquanto vivermos em uma sociedade excludente como a nossa, estará fora do mercado consumidor.

Quanto aos títulos de sucesso, em geral, apenas repetimos por aqui o que acontece no mundo lá fora. Quase todos os últimos grandes lançamentos de revistas no Brasil são licenciados – ou simplesmente copiados – de revistas norte-americanas e europeias. As pequenas editoras, por sua vez, limitam-se a copiar as grandes e reproduzir as poucas ideias originais que surgem nesse mercado. Portanto, pensar em como fazer revistas mais identificadas com a realidade brasileira deveria ser, segundo o jornalista Celso Nucci, uma questão estratégica para as editoras.

A SEGMENTAÇÃO E OS CAMINHOS POSSÍVEIS

Ao longo da história das revistas se aprende a inevitável necessidade de estabelecer um foco preciso para cada publicação. Apesar da existência de títulos como *Para Todos* e *Tudo*, sabe-se que quem quer cobrir tudo acaba não cobrindo nada e quem quer falar com todo mundo acaba não falando com ninguém. Os tipos de segmentação mais comuns são os por gênero (masculino e feminino), por idade (infantil, adulta, adolescente), por geografia (cidade ou região) e por tema (cinema, esportes, ciência...). Dentro dessas grandes correntes, é possível existir o que já nos referimos como "segmentação da segmentação". Por exemplo, partindo do público de pais de crianças, é possível fazer revistas para pais, para mães, para mães de bebês, para mães de bebês gêmeos, para mães de bebês gêmeos que moram em São Paulo... É possível estender e afunilar a lista até chegarmos a grupos muito pequenos – e, se quisermos ir ao extremo, até chegar a cada indivíduo em particular.

Não é brincadeira. Chegar a cada indivíduo foi uma das tendências mais discutidas no meio das revistas nos anos 1990. Era a chamada "personalização". Cada leitor teria a sua própria revista, feita sob medida para ele. A tecnologia tornaria possível imprimir tantos exemplares diferentes quantos fossem os leitores. Não chegamos, é claro, a esse ponto. A internet resolveu esse problema de uma forma melhor, permitindo ao consumidor selecionar o que quer ler dentro do universo ilimitado de informações da rede mundial de computadores. Para as revistas, fica o meio termo: não falar com todo mundo (como fazem a televisão ou os jornais) e não individualizar seu leitor (como a internet).

Como já vimos, as revistas têm a capacidade de reafirmar a identidade de grupos de interesses específicos, funcionando muitas vezes como uma espécie de carteirinha de acesso a eles. E justamente aí reside o maior desafio de quem quer, atualmente, descobrir novos mercados e trabalhar em revistas. É preciso entender quais são as tendências que estão surgindo e quais delas podem traduzir-se em novos títulos. É preciso usar a tecnologia para reduzir custos e fazer publicações cada vez mais segmentadas para grupos restritos, com circulações pequenas (e, só para lembrar, sem depender totalmente da publicidade).

Olhando para o mercado dessa maneira, sobram e faltam revistas. Há publicações generalistas demais: todas falando das mesmas coisas e concorrendo pela atenção das mesmas pessoas. É como se apenas alguns focos de interesse estivessem iluminados e todas as publicações se voltassem para eles, enquanto todo o resto permanecesse inexplorado, mergulhado na mais absoluta escuridão.

O IMPACTO DOS MEIOS ELETRÔNICOS

Sempre que aparece um novo e poderoso meio de comunicação, é comum disseminar-se a ideia de que ele vai engolir todos os demais. É claro que o surgimento de novos meios e novas tecnologias provocará transformações nos que já existem, mas o certo é que eles conviverão entre si, cada um redescobrindo o seu devido lugar junto ao público. Com a internet não poderia ter sido diferente. Primeiro, achava-se que ela decretaria a morte de todos os meios impressos – livros, revistas e jornais em papel sucumbiriam diante da nova onda e só sobreviveriam se passassem a ser lidos na tela do computador. Depois, imaginou-se que os meios seriam necessariamente complementares entre si – uma revista só se manteria no mercado caso tivesse sua extensão eletrônica. De certo modo, as duas coisas estão acontecendo e ainda estamos tateando em busca de soluções. Se por um lado parece cada vez mais inevitável o fim do papel, por outro o mercado de revistas ainda continua crescendo.

Quando a internet surgiu e começou a se expandir, uma das vantagens que mais se destacavam em relação a ela é que, a partir de então, todo mundo poderia produzir e veicular informação, tarefa que não ficaria mais restrita apenas ao trabalho dos jornalistas e ao filtro editorial das empresas de comunicação. Uma senhora de Cuiabá, por exemplo, poderia assistir a um filme e publicar na internet sua opinião sobre ele. Para que, então, precisaríamos de críticos de cinema, de seções nos jornais ou de revistas especializadas no assunto?

A sugestão pode ser sedutora, mas sempre existirá a necessidade de mediadores que analisem, selecionem, recortem e ofereçam informações qualificadas quanto ao público. Afinal, quem lê as seções ou revistas especializadas em cinema deseja conhecer a opinião de qualquer pessoa (a da senhora de Cuiabá, por exemplo) ou a daqueles críticos que já conquistaram sua confiança e credibilidade?

Na verdade, no momento em que as coisas acontecem, é muito difícil analisá-las com o necessário distanciamento. Daí a importância de observar os fenômenos sob uma perspectiva histórica e, no caso, perceber qual a verdadeira vocação de cada meio de comunicação. Quando surgiu o cinema, por exemplo, acreditava-se que ele ocuparia o lugar do teatro. Já o surgimento da televisão foi recebido por alguns como o atestado de óbito do próprio cinema e também do rádio. Nada disso, contudo, aconteceu. Logo, cada meio encontrou seu caminho próprio.

A história mostra que uma tecnologia pode substituir outra, mas com os meios isso não acontece necessariamente. O que ocorre são ajustes e correções de rota. Não por acaso, atualmente se discutem muito os rumos que os meios impressos irão tomar diante do confronto com as novas tecnologias. O que vão virar os jornais? Vai haver espaço para o rádio ou mesmo para o jornalismo de televisão? Qual será realmente o papel da internet? Como ela vai se manter? As revistas continuarão existindo? Qual será o caminho e o espaço destinado a cada um desses meios?

É isso o que cada meio vai ter de descobrir – e as revistas também. Ou seja, identificar suas especificidades e oferecer o que os outros meios não podem dar conta. As revistas feitas para *tablets*, por exemplo, aprofundam o que o meio tem de melhor e usam a tecnologia a seu favor.

Na concorrência difusa entre os meios, o segredo é ser o que se realmente é. No caso, o segredo é ser "revista".

ENTRETENIMENTO NÃO É BICHO-PAPÃO

Discute-se muito, hoje, a relação entre jornalismo e entretenimento, e as fronteiras entre eles. Recorrendo à história, o que se percebe é que o entretenimento, além da educação e do serviço, é uma das vocações mais evidentes do veículo revista, a partir de sua própria origem. Só depois do surgimento das revistas semanais de informação (isso já no século xx) é que elas incorporaram a função de informar e veicular notícias. Antes disso, não havia tanta preocupação jornalística, uma vez que as questões educacionais e de entretenimento, como vimos, eram prioritárias para o meio revista.

Entretanto, todas as publicações ganharam consistência quando os procedimentos jornalísticos foram adotados pelas revistas semanais de informação. O rigor na apuração e na checagem das informações afetou o trabalho, mesmo nas revistas que não tinham o jornalismo como principal linha editorial. Mas é preciso ficar claro que há funções que as revistas desempenharam que não têm nada a ver – e nunca tiveram – com o jornalismo propriamente dito. São, sim, puro entretenimento. Assim eram as gravuras que distraíam um público sem televisão no século xix e começo do século xx. Assim são, até hoje, as palavras cruzadas, as histórias em quadrinhos, as fotos de mulheres nuas em revistas masculinas e tantas outras "informações" que ocupam páginas e páginas nas revistas.

Não há nenhum problema em revistas reservarem espaços generosos para o entretenimento – algumas publicações são, por sinal, inteiramente dedicadas a ele – bem como, logicamente, não há qualquer problema em algumas revistas se dedicarem exclusivamente à educação ou à informação, muito pelo contrário. Nesse ponto, a propalada tensão entre jornalismo e entretenimento, no meio revista, torna-se uma discussão sem sentido. Há espaço para as duas coisas, desde que se perceba, é claro, os limites e as possibilidades de cada área, sem querer misturar uma com a outra.

CAPÍTULO VI

O que é um bom jornalista de revistas?

O ex-diretor do jornal *Times*, de Londres, Harold Evans, afirmou, quando do surgimento da internet: "Não importa se é jornalismo impresso ou eletrônico, desde que seja bom jornalismo". A mesma máxima serve para definir os critérios de qualidade que se esperam do profissional de imprensa em geral: não importa se trabalha em jornal, em meio eletrônico ou em revistas, contanto que seja bom jornalista. Os grandes princípios que regem o jornalismo em geral são, portanto, os mesmos que devem ser seguidos pelo profissional que deseja trabalhar em revistas.

Essa foi a regra básica que sempre norteou minhas escolhas na seleção de candidatos para o Curso Abril de Jornalismo, entre 1992 e 2003. Analisando, a cada ano, cerca de mil currículos de jovens recémformados em escolas de Jornalismo de todo o Brasil, e trabalhando depois com os selecionados para o curso, constatei, na prática, que se prepara melhor para a profissão quem se dedica a ler e entender mais sobre a imprensa, o país e o mundo.

Qualquer jornalista, seja qual for o meio em que irá trabalhar, deve se preocupar em desenvolver uma razoável cultura geral, uma visão de mundo livre de preconceitos e um olhar crítico sobre o próprio ofício. Todo trabalho de responsabilidade – e o do jornalista, sem dúvida, envolve enorme carga de responsabilidade social – obriga o profissional à reflexão e à permanente autovigilância. Não pode agir mecanicamente, como quem dobra guardanapos, aquele que irá lidar com informações a respeito da vida e de reputações alheias. O bom jornalista deve, o tempo todo, se perguntar se está fazendo o melhor, se está se dedicando a aprimorar a qualidade do que faz e contribuindo para uma imprensa mais ética e mais responsável.

O bom jornalista nunca deve ser arrogante, achar que pode tudo e que conseguirá resolver as dificuldades e dilemas inerentes à profissão confiando apenas em seus impulsos ou em sua suposta sabedoria. Por trabalhar muitas vezes próximo às esferas do poder, tendo acesso a informações privilegiadas, a tendência é que o jornalista passe a julgar-se poderoso e, por consequência, levar-se a sério demais. Jornalista, como se diz frequentemente, deve duvidar de tudo – e eu acrescentaria: principalmente de si mesmo.

A credibilidade de um profissional começa pelo reconhecimento dos próprios erros. Não é justo que o jornalista critique nos outros um tipo de comportamento que ele próprio adota no desempenho de suas funções. O jornalista não está acima do bem e do mal, e muito menos à margem da lei. Não pode, por exemplo, conseguir informações de maneira ilícita por considerar que o escândalo, publicado em letra de forma, justifica os meios para desvendá-lo.

Os princípios básicos do jornalismo são iguais para qualquer tipo de veículo: o esforço para apurar os fatos corretamente, o compromisso com a verdade, ouvir todos os lados que envolvem uma questão, mostrar diversos pontos de vista na tentativa de elucidar histórias, o respeito aos princípios éticos, a busca constante da qualidade de informação, o bom texto. Qualquer que seja o jornalismo que se vá fazer, esse é o dever básico – seja em televisão, rádio, internet, jornal ou revista.

DE NOVO, O LEITOR EM PRIMEIRO LUGAR

A primeira regra é: não escrever para si mesmo. Principalmente no jornalismo de revistas, o leitor é alguém específico com cara, nome e necessidades próprias. E, a não ser que você esteja fazendo uma revista destinada a um grupo do qual você, coincidentemente, faça parte, nem sempre o que você gostaria de ler é o que, de fato, o leitor quer, procura e precisa. A segunda regra decorre necessariamente da primeira: imagine-se como um prestador de serviços, alguém que dá informações corretas, e não um ideólogo ou um defensor de causas e bandeiras.

Na maior parte do tempo, o jornalista de revista estará ocupado muito mais em prestar um serviço do que em apresentar um furo de reportagem. Para a maioria dos leitores de uma revista como a *Veja São Paulo*, por exemplo, é muito mais relevante saber o horário preciso de uma sessão de cinema do que ler uma reportagem exclusiva sobre, digamos, os camelôs na cidade. Isso não quer dizer que a revista não paute ou dê capa para assuntos do gênero, muito pelo contrário. Mas, nesse caso, o repórter deve dedicar à informação sobre o endereço de determinado restaurante da cidade a mesma atenção e energia que dedicaria à apuração da matéria de capa da semana.

Enfim, usando as mesmas regras para fazer uma boa reportagem, o jornalista também fará, inevitavelmente, uma boa matéria de prestação de serviços. Isso significa checar informações, ouvir fontes confiáveis, cruzar dados, enfim, fazer jornalismo, mesmo que seja para redigir uma pequena nota sobre a estreia de uma nova peça teatral.

O RISCO DA ESPECIALIZAÇÃO

A especialização, na profissão de jornalista, divide opiniões. O jornalista é, por princípio, um "especialista em generalidades". Vem justamente daí, convenhamos, parte da graça e do desafio da profissão. É a falta de especialização do jornalista que, teoricamente, o capacita a perguntar o que não sabe para quem domina determinado assunto e, depois, traduzir tal informação de modo que todo mundo a entenda. Quando o jornalista se especializa em uma área, ele até pode ganhar em profundidade, mas corre o risco de se comportar exatamente como o especialista que entrevista, ou seja, perder a curiosidade típica do leitor comum. Um jornalista especializado em Medicina, por exemplo, pode ser tentado a reproduzir a linguagem técnica dos profissionais da área e não fazer as perguntas que, apesar de óbvias para ele e para os médicos, são essenciais para os leitores.

Nas revistas, essa questão é ainda mais delicada, já que muitas são essencialmente especializadas e, por isso, correm sempre o risco de começar a se comunicar em linguagem cifrada. As terminologias mais problemáticas (tanto em revistas como em jornais) geralmente são as ligadas à economia e à ciência, com seus respectivos jargões (o "economês" ou o "cientifiquês"), inacessíveis aos leitores comuns. Contudo, também uma revista de moda pode, eventualmente, adotar termos que os leitores não dominam e que sejam usados apenas pelos que circulam no chamado "mundo *fashion*".

Lembro que certa vez assisti a uma palestra de uma editora de moda, que usou várias vezes a palavra *cardigan* – frequentadora habitual das páginas da publicação –, embora fossem poucos na plateia os que realmente soubessem o que tal termo significasse. (*Cardigan*, a propósito, é uma palavra inglesa e, na moda de hoje, significa "casaquinho") Um bom exemplo contrário a esse é o de uma revista como a *Superinteressante*, que trata de assuntos científicos, muitas vezes áridos e polêmicos, em linguagem acessível para seus jovens leitores.

Além dos problemas de linguagem, o perigo da especialização é o jornalista começar a achar que o mundo todo está ocupado com um único assunto, que o planeta inteiro gira em torno das questões daquele seu universo especializado e, assim, começar a ver a vida de maneira demasiadamente estreita.

O outro dilema da especialização é manter, em um texto jornalístico, o nível de excelência exigido pelo leitor que já conhece bastante sobre o tema. É frequente que profissionais de áreas específicas considerem simplistas demais as reportagens sobre seu ramo de atuação, quando publicadas, por exemplo, em jornais ou revistas generalistas. Assim, é comum que médicos considerem rasas demais as reportagens sobre Medicina e, por sua vez, um advogado julgue superficial em demasia as reportagens que tratam de legislação. Na verdade, o grau de especialização e detalhe que esses profissionais exigem não é compatível com o interesse da maioria dos leitores, o que não isenta o jornalista dos erros gritantes que, por vezes, são cometidos pela imprensa ao tratar de temas específicos. O desafio para o jornalista é, portanto, fazer uma revista acessível aos leitores comuns, mas seu texto deve ser preciso a ponto de poder ser lido, sem constrangimentos, por um especialista da área.

PARA ESCREVER BEM

Para escrever bem não há segredo. Mas também não há facilidades. A receita, se é que existe uma, é escrever muito e ler mais ainda. Conhecer muito bem a língua é indispensável ao jornalista. Afinal, a palavra é, em essência, a sua ferramenta básica de trabalho. Dedique-se à leitura – aproveite o período da faculdade para isso. Peça orientação e escolha bons autores para ler. São os bons textos que nos ensinam a escrever.

Os alunos que entrevistava anualmente durante a seleção para o Curso Abril de Jornalismo batiam sempre na mesma tecla: queriam atuar em revistas para poder produzir um texto "mais elaborado, mais trabalhado". Talvez, na prática, a realidade não seja exatamente essa, mas, sem dúvida, os textos das revistas são diferentes da maioria dos que são publicados habitualmente pelos jornais, quase sempre ligeiros, superficiais, declaratórios. Trataremos disso mais detalhadamente no próximo capítulo.

Por ora, basta dizer que, na profissão de jornalista – e isso vale especialmente para o trabalho em revistas – o chamado "texto mais elaborado" não é só uma questão de estilo. Mesmo em jornal, alguém que escreve muitíssimo bem muitas vezes não consegue fazer bom jornalismo. Isso porque o segredo da boa elaboração de um texto jornalístico está na apuração. Quem tem o maior número de informações qualificadas na mão tem muito mais chances de escrever uma boa reportagem, um bom artigo ou mesmo uma boa notícia do que aquele que simplesmente "escreve bonito". Não adianta querer ficar "bordando" um texto vazio de informação. Jornalismo não é literatura. Quando tenta ser, arrisca-se a soar como mera "literatice".

Em geral, escrever com substantivos é melhor do que lançar mão de adjetivos indiscriminadamente. Isso é outro segredo da boa apuração. Sabendo, por exemplo, a altura precisa de um homem ou de um edifício, você não vai escolher dizer que eles são "muito altos" ou "muito baixos". Sabendo o número exato e lugar onde um fato aconteceu, você vai retirar os tão imprecisos quanto comprometedores "aproximadamente" e os "cerca de" de sua matéria.

O que não dá para confundir é texto de revista com texto opinativo. É verdade que muitas revistas carregam na opinião, mas o bom texto de revista deve estar calcado prioritariamente em informações. Rechear um texto apenas com juízos de valor (próprios ou tomados emprestados de alguém) é fácil – as opiniões são livres e baratas –, mas são sempre as informações que garantem a qualidade e consistência do texto jornalístico.

Quanto ao estilo, não se preocupe excessivamente com isso, mesmo se for escrever para revistas. Procure sempre a simplicidade como regra. Textos simples são mais fáceis de entender, além de mais elegantes. Volto a lembrar aqui que jornalistas (de revistas e de outros meios) são apenas profissionais que procuram levar informações úteis e corretas para seus leitores. Preocupe-se antes em apurar exaustivamente uma história, em ter na mão muito mais informação do que o espaço reservado para sua matéria. Pois é no momento em você começa a selecionar as informações – e a cortar seu texto – que ele começa a ficar bom. "Escrever é cortar palavras", ensinava Carlos Drummond de Andrade. Nesse caso, o que vale para a literatura vale ainda mais para o jornalismo.

UMA HISTÓRIA, MUITOS JEITOS DE CONTÁ-LA

Uma das grandes vantagens das revistas é que elas oferecem inúmeros recursos gráficos para se contar uma história. E o bom jornalista de revista é aquele que, de antemão, consegue visualizar a matéria já editada na página. O texto, por mais perfeito que seja, será sempre melhor compreendido e atraente quando acompanhado de uma boa fotografia ou de um infográfico bem feito. Assim, dominar um pouco a linguagem visual é fundamental. Isso não significa que você deva saber fotografar ou diagramar páginas, mas precisa ser capaz de avaliar o que é uma boa foto, e de que forma ela pode ser utilizada para tirar o melhor proveito informativo de uma página. Isso se aprende na prática, observando o uso desses recursos visuais em revistas, livros, cartazes e até no cinema. Entender um pouco de tipologia também nunca é demais, pelo menos os princípios básicos da legibilidade.

Tudo isso, no mínimo, vai fazer com que você resista à tentação de pedir ao diagramador para diminuir o corpo de um texto ou o tamanho de um título para, assim, poder acrescentar mais algumas linhas em sua matéria...

TRABALHO EM EQUIPE E DIÁLOGO

Aqui entra em jogo outra questão fundamental. Não existe revista sem trabalho em equipe. A figura do jornalista solitário não tem lugar em uma redação de revista (a não ser o colunista, que geralmente nem trabalha na redação). A integração entre jornalistas, *designers* e fotógrafos é obrigatória para que uma revista ofereça a seus leitores páginas ao mesmo tempo informativas e sedutoras.

Não é à toa que as redações, antes divididas em baias e saletas, estão derrubando cada vez mais paredes e barreiras e construindo espaços comuns, áreas de conversa e de entendimento, que farão a diferença na edição. Ouvir todas as partes e chegar às melhores soluções é uma das maiores qualidades que deve ter um profissional que trabalha em revistas.

Outra qualidade muito valorizada nas redações de revistas é entender um pouco de administração (de recursos e processos). Como as equipes são pequenas e o dinheiro não anda sobrando, provavelmente caberá cada vez mais aos jornalistas controlar e administrar seu borderô (o dinheiro para a edição e para as reportagens) e seus respectivos prazos. O mais importante é o entendimento dos processos e seu planejamento. Quanto ao dinheiro, não é preciso conhecer operações muito complicadas. É o bastante saber somar e, muitas vezes, subtrair. Além de editar matérias, o jornalista precisa "editar" os recursos para realizá-las. O que não deixa de ser interessante para se analisar a linha editorial de uma publicação. Afinal, quem decide pôr mais dinheiro em uma reportagem do que em outra já começa o processo de edição da realidade a partir daí.

CAPÍTULO VII

O que é uma boa revista?

A definição do que deve ser uma boa revista não é imutável. Na verdade, evolui todos os dias. Muitas revistas morreram, e outras continuarão a morrer, porque seus leitores mudaram e elas não os souberam acompanhar. Antigamente, era possível manter uma revista praticamente inalterada, sem submetê-la a transformações gráficas e editoriais por um longo período de tempo. Hoje, não é mais possível. Se o editor não se der conta disso, o leitor o ultrapassa correndo. A revista *O Cruzeiro*, por exemplo, lançou em 1938 uma seção – "As garotas", criada e desenhada pelo caricaturista Alceu Penna – que duraria 28 anos, fato impossível de imaginar nos dias de hoje.

Uma boa revista começa com um bom plano editorial e uma missão definida – um guia que vai ajudá-la a posicionar-se objetivamente em relação ao leitor e ao mercado. A revista *The Economist*, por exemplo, talvez a publicação do gênero mais conceituada e admirada do mundo, tem como missão "tornar claros, para seus leitores, temas complexos". Segundo Bill Emmott, editor da revista entre 1996 e 2003, a redação da *The Economist* espera que os leitores, depois de lerem suas matérias e artigos, sempre digam "ah, agora sim, entendi".

É o plano editorial que vai alimentar o plano de negócios e, por consequência, deve representar a visão exata da redação sobre a publicação, e sua relação com o leitor. O plano estabelece a missão, os objetivos e a fórmula editorial. Define quem são os leitores da revista, planeja os cenários futuros para a publicação, levanta dados sobre a concorrência, antevê os possíveis riscos e propõe estratégias de ação. Contudo, deve ser constantemente reavaliado e atualizado, para não envelhecer precocemente.

O plano editorial ajuda também a manter o foco no leitor. E, já vimos, a pior doença que pode atacar uma publicação é a falta de foco – desse mal ela pode até morrer. Revista bem focada é aquela que tem sua missão clara e concisa, cujos jornalistas sabem exatamente para quem escrevem, e trabalham para atender às necessidades ditadas pelo público. Se uma revista pretende oferecer a seus leitores avaliações isentas sobre os novos lançamentos do mercado automobilístico, ela não pode simplesmente se curvar aos interesses da indústria automotora. Ou uma revista que queira cobrir com independência o poder público não pode querer agradar sempre ao governo, ou mesmo à oposição.

Uma das razões básicas do "desvio de foco" é a presunção dos jornalistas, que acham que já sabem tudo sobre o que seus leitores e leitoras precisam – e querem – ler. Assim, trabalham praticamente sem sair às ruas. Quando isso ocorre, as reuniões de pauta não se baseiam mais em notícias, mas apenas em ideias preconcebidas, juízos e opiniões que residem na cabeça de cada jornalista. De repente, alguém diz: "Gente, faz muito tempo que nós não falamos de tal assunto, vamos fazer uma matéria a respeito?" Não há criatividade que sustente por muito tempo essa prática. Revistas planejadas e elaboradas dessa maneira se tornam chatas e repetitivas, óbvias demais.

CAPA: SÍNTESE IRRESISTÍVEL DA EDIÇÃO

Uma boa revista precisa de uma capa que a ajude a conquistar leitores e os convença a levá-la para casa. "Capa", como diz o jornalista Thomaz Souto Corrêa, "é feita para vender revista". Por isso, precisa ser o resumo irresistível de cada edição, uma espécie de vitrine para o deleite e a sedução do leitor.

Não existe, porém, uma fórmula exata ou uma regra fácil para se produzir uma boa capa. Claro que notícias quentes e exclusivas vão sempre redundar em capas fortes e chamativas. Como se costuma dizer nas redações, com certo tom de humor negro: "Papa morto vende, Papa vivo, não". Quando a *Veja*, por exemplo, publicou em 1992 a já histórica entrevista exclusiva com Pedro Collor de Mello denunciando o irmão – o então presidente Fernando Collor –, não foi preciso mais nada além de estampar a foto do personagem ao lado da chamada: "Pedro Collor conta tudo". É o caso típico de uma capa que já nasceu pronta.

Se todas as revistas tivessem, a cada edição, uma matéria com o mesmo teor explosivo da entrevista de Pedro Collor, nossos problemas estariam acabados. Mas o que fazer naquela semana em que não há nenhuma notícia quente o bastante para render uma capa bombástica? E no caso de uma publicação que não vive exatamente de notícias quentes, ou mesmo de jornalismo, como uma revista de decoração, por exemplo?

Em qualquer situação, uma boa imagem será sempre importante – e é ela o primeiro elemento que prenderá a atenção do leitor. O logotipo da revista também é fundamental, principalmente quando ela é conhecida e já detém uma imagem de credibilidade junto ao público. Afinal, quando você vê na banca duas revistas com a mesma notícia na capa, você compra aquela na qual confia mais. Para completar, as chamadas devem ser claras e objetivas. Como os editores costumam estar diretamente envolvidos no processo de produção das matérias, às vezes corre-se o risco de perder o necessário distanciamento para avaliar o impacto de uma boa chamada sobre elas. É preciso evitar mal-entendidos e ambiguidades. Uma boa dica é submetê-la a quem ainda não teve contato nenhum com o assunto, para avaliar se ela atrairá o leitor que irá lê-la pela primeira vez.

A chamada principal e a imagem da capa devem se complementar, passando uma mensagem coesa e coerente. Por melhor que seja a imagem escolhida, o fundo da capa (seja fotografia ou não) não pode atrapalhar a legibilidade das chamadas. Em uma capa, aliás, a legibilidade é tudo. Em uma foto cheia de claros e escuros, por exemplo, é impossível escrever só em branco ou só em preto. Tenha sempre em mente a capa pronta, já exposta em uma banca de revistas, disputando o olhar do leitor em meio a centenas de outras publicações. Olhe para a sua capa não como um belo quadro, uma obra de arte, mas como um elemento editorial, que tem a função estratégica de definir a compra de seu produto pelos leitores em potencial.

Há publicações que lançam mão do recurso de várias chamadas na capa, outras privilegiam, apenas, uma única informação. É o padrão e a linha editorial da revista que vai definir tal escolha. Não existe modelo único. Entre os editores, reza a lenda que o mais vendável é o tradicional fundo branco, logotipo vermelho e... "a fotografia de uma celebridade". Outras "receitas prontas" recorrem a palavras mágicas, como "grátis", "exclusivo", "secreto", "sexo"... O problema é que, de tão banalizados, tais artifícios perderam seu apelo e poder de atração. A palavra "sexo", por exemplo, tem sido tão exaustivamente utilizada na capa de revistas que perdeu o sentido nesse contexto, tanto que a gente nem repara mais nela. Uma boa reportagem sobre sexo, com chamada na capa, até pode vender a revista, mas apenas estampar a palavra sexo, em letras garrafais, sem qualquer outro apelo visual e de conteúdo, parece uma fórmula esgotada, decididamente. A mesma observação vale para as celebridades que costumam se repetir, com enjoativa frequência, nas capas de revista.

É bom observar que, da mesma forma que o logotipo, o estilo de capa deve ser uma espécie de "marca registrada" da publicação. No limite, podemos dizer que a revista com personalidade visual bem construída – desde a utilização de determinada tipologia até o padrão de diagramação – poderia arriscar-se a retirar seu logotipo da capa que, mesmo assim, seria reconhecida por seus leitores. É o caso da revista *Nova*, por exemplo, que "construiu" uma imagem, particular e marcante, de mulher, para ilustrar todas as suas capas ("a mulher *Nova*"). A maquiagem, o estilo de roupa, o penteado, bem como a iluminação, o corte, o fundo e a direção de fotografia são a marca registrada da revista. Para completar, a disposição das chamadas é sempre igual, cercando a fotografia da moça da capa por ambos os lados. A fórmula deu tanto resultado que passou a ser copiada por outras revistas, que só esqueceram um único, mas decisivo, detalhe: a capa de *Nova* é ótima, mas apenas para as leitoras de *Nova*.

PAUTA: ONDE ESTÁ A NOTÍCIA?

A escolha acertada da pauta é meio caminho andado em direção ao sucesso. Em jornal, até hoje, é relativamente fácil definir a pauta: de modo geral, os acontecimentos cotidianos a compõem. Para o jornalismo diário, a grosso modo, basta cobrir bem os fatos do dia a dia. No caso do jornalismo de revistas a lógica é outra, principalmente em se tratando de publicações quinzenais e mensais. A periodicidade mais elástica exige que o jornalista encontre novos enfoques para os assuntos de que vai tratar, buscando sempre uma maneira original de abordá-lo.

O "como", em revistas, é fundamental. O jornalista precisa aprender a pensar de acordo com a periodicidade do veículo e, claro, com os interesses específicos de seus leitores. Não adianta, por exemplo, uma revista feminina mensal noticiar (apenas noticiar, ressalte-se) determinado desfile de moda, pois ele, certamente, já terá recebido farta cobertura da imprensa diária logo no dia seguinte – ou no mesmo dia – de sua realização. Se essa notícia é relevante para suas leitoras, a revista terá que encontrar uma forma de publicá-la sob um enfoque que ninguém ainda deu (complementada, analisada, interpretada, bem fotografada).

É preciso, também, cuidar da diversificação e do equilíbrio entre as pautas de cada edição. A diversificação, afinal, é o que vai ditar o ritmo da revista e está na própria natureza do veículo. Tomando mais uma vez o exemplo de uma revista especializada em moda, beleza e comportamento, é preciso que esses três eixos editoriais sejam devidamente contemplados em cada número. Não funciona dar ênfase, em um mês, à beleza, no outro, à moda e, em um terceiro, a matérias de comportamento. O exemplo pode parecer óbvio, mas nunca é demais lembrar que a mistura exata dos ingredientes, em uma proporção equilibrada e bem dosada, é o segredo de qualquer boa fórmula. Muitas vezes, até porque certos assuntos estão mais em evidência e disponíveis que outros, o editor acaba errando a mão – como se fizesse uma canja só com arroz ou só com frango, insossa ou salgada demais.

Mesmo em uma seção interna, tal equilíbrio deve ser garantido. Não é possível, por exemplo, pensar em uma seção como "Gente", de *Veja*, só com notas sobre políticos, cantores sertanejos ou com mulheres bonitas. Assim como a revista, a seção também tem sua receita e ritmo próprios: um pouco de mulher bonita, uma pitada de bastidores da política, alguma curiosidade sobre personagens do mundo empresarial e, para temperar, uma nota sobre alguém do mundo dos espetáculos.

São esse equilíbrio e essa coerência editorial da pauta, bem como o ordenamento das seções, colunas, entrevistas especiais etc., que definirão a personalidade de uma revista. A cada edição o leitor pode encontrar, ao mesmo tempo, variedade e algumas marcas de identidade que o permitirão reconhecer e manter uma relação de familiaridade com sua revista predileta.

O tom e a linguagem que vão percorrer todas as páginas, se não forem os mesmos, devem também ser o mais semelhantes possível. Para o leitor, seria estranho encontrar, em uma mesma revista, matérias com tons e enfoques completamente diferentes. Por exemplo, provocaria estranhamento ao leitor de *Veja* encontrar em sua revista uma matéria escrita na linguagem de *Fluir* (especializada em *surf*), assim como soaria esquisito para o leitor da *Caros Amigos* encontrar em suas páginas um texto redigido no padrão editorial de *Veja*. Cada revista tem sua "voz" própria, expressa na pauta, na linguagem e em seu projeto gráfico.

DESIGN DE REVISTA NÃO É ARTE

A primeira lição sobre *design* de revistas – apesar de os chefes das equipes de *design* serem chamados de "diretores de arte" – é que aquilo não se trata de arte, como bem ensina o *designer* e editor Jan White.

Design em revista é comunicação, é informação, é arma para tornar a revista e as reportagens mais atrativas, mais fáceis de ler. Tanto quanto os jornalistas, os *designers* devem estar preocupados o tempo todo com a melhor maneira – a mais legível – de contar uma boa história. Costumava dizer aos alunos no início de cada Curso Abril de Jornalismo – sejam *designers*, jornalistas ou fotógrafos – que trataria a todos, indiscriminadamente, como jornalistas. No começo, alguns estranham (especialmente os *designers*), mas depois entendem o que estou falando, quando todos têm que sentar juntos e, de comum acordo, decidir como a página ficará melhor plasticamente e como, ao mesmo tempo, a informação ficará mais clara.

Como tudo em uma revista é o leitor, é ele, também, quem vai determinar o tipo de linguagem gráfica a ser utilizada na publicação. Não dá para imaginar uma revista de *surf* diagramada como uma semanal de informação, ou vice-versa. É o universo de valores e de interesses dos leitores que definirá a tipologia, o corpo do texto, a entrelinha, a largura das colunas, as cores, o tipo de imagem e a forma como tudo isto será disposto na página. Por isso, o projeto gráfico tem de estar inserido em um projeto editorial mais amplo. O projeto de uma revista de turismo certamente vai usar muitas fotos, já uma publicação sobre ciência talvez prefira usar infográficos, uma revista para pessoas mais velhas vai escolher um corpo e uma entrelinha maior para facilitar a leitura, enquanto uma revista para crianças terá, necessariamente, textos mais curtos...

Definido o projeto gráfico, começa a tarefa de fechar cada edição (e cada matéria). Nessa hora, o melhor caminho é sempre a conversa e o entendimento entre toda a equipe. Quando *designers*, jornalistas e fotógrafos sentam-se juntos para editar uma reportagem, o resultado sempre é melhor do que quando cada um deles tenta fazer o trabalho sozinho. Já foi muito comum a chamada "ditadura da arte" ou a "ditadura do texto". Como o nome já faz supor, coisa boa não era. Significava que um grupo (ora *designers*, ora jornalistas) queria resolver a edição por si. Isso gerava pedidos absurdos, tanto da parte dos *designers* – como "faça um título de três linhas de dois toques", porque assim "a página fica linda" – como também da parte dos jornalistas, que queriam páginas "sem fotos e sem intertítulos" "para poder caber mais texto". No fim, quem sempre saía perdendo era o leitor.

Hoje, existe uma profusão de cursos, livros e revistas especializados em *design* gráfico. Após a chegada dos computadores às redações e com a multiplicação dos cursos de *design*, os profissionais da área passaram a ter uma formação específica. Até então, a formação das equipes de arte, na imprensa, se dava na prática, muitas vezes na velha mesa de *past-up*, antiga técnica de colar letras e fotos em diagramas de papel. Trabalhei com grandes diretores de arte em várias revistas e, nas conversas com eles, em cada matéria que editei, aprendi as regras do bom *design*, as leis da legibilidade, a editar imagens, a escolher fotografias e a usar as cores a favor da comunicação.

A mesma necessidade de rever periodicamente o conteúdo das revistas vale também para seu projeto gráfico. Redesenhar a revista, ou seja, modificar sua linguagem visual é tarefa obrigatória de tempos em tempos. Se antes as publicações costumavam manter seus projetos gráficos durante décadas a fio, hoje isso não acontece mais. É preciso fazer ajustes o tempo todo – e muitas vezes até mesmo redesenhar a revista inteira. É sempre o tipo de público, claro, que vai determinar a frequência desses redesenhos. Revistas para adolescentes, naturalmente mais inquietos e ávidos por novidades, tendem a necessitar de reformulação de sua linguagem visual com mais frequência do que, por exemplo, uma publicação voltada para negócios, embora até essas precisem renovar-se para não parecer que pararam no tempo.

Assim como as roupas, os tipos também entram e saem de moda. Há desenhos de letras que marcaram época e que parecem deslocados se usados fora dela. Mesmo os tipos clássicos, aqueles criados há 400 ou 500 anos, podem parecer mais modernos, conforme as modas vão e vêm. Às vezes, por outro lado, em um breve período de dois ou três anos, um tipo para de ser usado e pode conferir "cara de coisa velha" a uma revista que insista em utilizá-lo. O mesmo acontece com o uso de fios, de espaços em branco e de cores. Ao folhearmos revistas antigas, notamos que houve momentos em que todas usavam fios finos para separar colunas ou fazer quadros. Depois veio a fase dos fios grossos. Em seguida, a regra era eliminar todos os fios, que, contudo, não demorariam a entrar de novo na moda...

É preciso, sempre, acompanhar as tendências – que, às vezes, são ditadas pela televisão, pelo cinema, pelas artes gráficas em geral. O importante é notar que existem ciclos visuais, e que, usando elementos que estão completamente fora desses ciclos, muitas vezes as revistas podem parecer anacrônicas, fora do compasso de sua época. Todavia, é preciso também tomar cuidado com os modismos. De tempos em tempos, as revistas acabam ficando parecidas demais umas com as outras, porque usam o mesmo tipo de letra, de cor, de fotografia.

O bom *design* – e também o bom *re-design* – é o que leva em conta as características da publicação. Por exemplo, em uma revista de economia recheada de artigos sérios, não dá para usar letras enormes e cores berrantes. Letras enormes fazem as frases gritar e cores berrantes, de fato, berram. Elas devem ser usadas apenas quando a situação, ou a linha editorial da publicação assim o exigir. Também não custa lembrar que a especificidade da revista será determinante para estabelecer os recursos e as limitações industriais do processo. Uma revista semanal, por exemplo, não pode ter o mesmo nível de detalhamento gráfico que uma mensal, porque terá que ser impressa e distribuída com maior velocidade. É por isso que revistas como *Veja*, *Época* ou *Isto é* são diagramadas em módulos mais ou menos fixos – com poucas opções de distribuição de texto e espaços determinados para fotos –, exatamente para facilitar o fechamento. Se cada matéria fosse diagramada a partir de uma página em branco, com todas as possibilidades em aberto, essas revistas estourariam seus prazos de fechamento.

MAIS DO QUE MIL PALAVRAS

Quando alguém olha para uma página de revista, a primeira coisa que vê são as fotografias. Antes de ler qualquer palavra, é a fotografia que vai prendê-lo àquela página ou não. Fotos provocam reações emocionais, convidam a mergulhar em um assunto, a entrar em uma matéria. Por isso, ter fotos boas em mãos é fundamental. Elas devem excitar, entreter, surpreender, informar, comunicar ideias ou ajudar o leitor a entender a matéria. Em uma época carregada de apelos visuais, o uso da fotografia tornou-se ainda mais relevante. Uma pesquisa feita com leitores de *Veja* mostrou que uma matéria de uma coluna, sem foto ou ilustração, é lida por apenas 9% dos leitores. Já a mesma pequena matéria de uma coluna de texto, acompanhada de uma foto ou ilustração, é lida por 15% deles.

Mas não basta ter boas fotos. É preciso saber posicioná-las nos lugares nobres de cada página, isto é, os de maior visibilidade em uma revista (o canto direito superior de uma página ímpar, por exemplo). Afinal, não adianta ter uma foto excelente na mão e espremê-la no pé da página ou cortá-la na junção entre duas páginas diferentes.

E, se as fotografias são as principais portas de entrada, em uma página, para os leitores, as legendas têm que funcionar como maçanetas. Todas as fotos devem ter legendas – de preferência inteligentes – que ajudem o leitor a entrar no assunto ao invés de afastá-lo definitivamente dele. Elas são tão importantes que há revistas, como a norte-americana *National Geographic*, que têm editores só para legendas. Devem, também, preferencialmente, ficar embaixo das fotos, no lugar onde os leitores sempre as procuram. Alguns projetos gráficos, às vezes, não preveem legendas sob as fotos (ou porque o diretor de arte acha que "não fica bonito" ou porque acha "óbvio demais") e acabam projetando blocos de texto que se transformam em verdadeiros jogos de adivinhação ("no sentido horário, de cima para baixo, de frente para trás"), além de se converterem em exercício desnecessário para o pescoço e os olhos do leitor.

Hoje, com os computadores e a possibilidade de criar imagens digitais, há várias discussões envolvendo o uso e a manipulação da fotografia nas revistas. As semanais de informação são as que mais usam o fotojornalismo, que, muitas vezes, foi o responsável por alguns de seus grandes momentos editoriais. Mas, mesmo aí, onde o respeito pela notícia e pela "verdade" é teoricamente maior, já aconteceram casos de adulteração de imagem, que preocupam quem se dedica a discutir o assunto.

As revistas buscam sempre publicar as melhores imagens e, se há qualquer possibilidade de melhorá-las, a tentação de manipular é grande. Mas também nas revistas que não têm tanto compromisso jornalístico, a discussão de quanto os editores podem ou não mexer em uma foto é permanente. A começar pela clássica conversa sobre os retoques nas fotos de mulheres nuas em revistas masculinas. Como já vimos, esse tipo de publicação está muito mais identificado com o entretenimento do que com o jornalismo. Nesse caso, cobrar seu compromisso com a "verdade jornalística" ou com qualquer coisa do gênero não faz mesmo muito sentido. Retocar uma foto de mulher nua em uma revista como a *Playboy*, argumenta-se, seria mais ou menos o equivalente a uma mulher passar batom para ir à festa. O problema é que daí a alterarem-se imagens por qualquer motivo é apenas um pulo.

O fato é que a fotografia e a revista parecem ter nascido uma para a outra. Desde que foi lançada a primeira revista ilustrada, elas nunca mais se separaram. Tanto pela qualidade do papel quanto da impressão, as revistas sempre puderam, e souberam, valorizar a fotografia. Grandes fotógrafos, como Sebastião Salgado, fazem seus livros e exposições, mas buscam também publicar suas fotos em revistas de grande circulação, o que garantirá uma maior divulgação do seu trabalho, com absoluta garantia da qualidade de reprodução, tão necessária ao gênero.

Além do fotojornalismo, que no Brasil alcançou grandes momentos nas páginas de *Realidade* e de *O Cruzeiro*, há outro gênero de fotografia típico de revistas. São as "fotos produzidas" – um trabalho recorrente, principalmente em revistas femininas, masculinas, de moda, de beleza e decoração. Para esse tipo de foto, além do fotógrafo, é necessário contar com toda uma equipe de produção: pelo menos um produtor (ou repórter), além de cabeleireiros, maquiadores, assistentes etc.

Há dois tipos diferentes de "fotos produzidas": as que funcionam como ilustrações e as que são uma espécie de "reportagem visual". As primeiras, semelhantes às fotos de publicidade, seguem um processo de produção próximo ao do cinema e da televisão.

Geralmente segue-se um *layout* desenhado pelo diretor de arte. Já a reportagem visual nasce de uma pauta, e é exatamente o que o nome diz: uma boa história contada por meio de imagens fotográficas. Como qualquer boa reportagem, elas devem reunir informação e originalidade. Se, ainda por cima, as fotos forem plasticamente belas, torna-se ainda melhor – embora seja preciso tomar cuidado, como sempre, para a relatividade do conceito de belo e para o fato de que, em jornalismo, a informação é sempre mais relevante do que a "beleza".

Fazer "reportagem visual", em princípio, é como fazer qualquer reportagem. Começa-se correndo atrás do fato (que nesse caso pode ser o estilo arquitetônico inovador de uma casa, a ousadia de uma nova coleção de roupas, o lançamento de uma linha revolucionária de produtos de beleza), ouvindo fontes, selecionando informação. Depois, com a informação na mão, escolhe-se a forma de oferecê-la ao leitor. Porém, se para construir um texto ordenamos as informações em frases e escolhemos as melhores palavras, na reportagem visual iremos lidar com elementos como: fundo, locação, luz, disposição. Em uma reportagem sobre determinada casa, em uma revista de decoração, a imagem terá, naturalmente, predominância sobre o texto. Quem compra revistas de decoração está interessado em observar as ideias do decorador e do arquiteto para inspirar-se, ou mesmo para copiar em sua própria casa. O repórter visual, nesse caso, terá de ficar atento à informação que aquela casa traz. Por que ela vale uma reportagem, o que tem de diferente, o que é mais importante mostrar?

Antigamente, nos jornais, quando as páginas eram montadas em *past-up* (colando-se os textos aos diagramas), era comum as matérias serem cortadas pelo pé na hora do fechamento. Os textos maiores do que o espaço disponível para eles na página perdiam suas últimas linhas, cortadas com estilete. Por isso, era tão importante que o repórter pusesse as informações mais relevantes (o *lead*) no começo da matéria. Na reportagem visual, a preocupação deve ser a mesma. Não se trata, evidentemente, de pôr a informação espacialmente em cima ou embaixo da foto, mas de cuidar para que ela não desapareça. Quantas vezes você já viu uma leitora de revistas de moda reclamando que não dá para ver certo detalhe da roupa numa foto?

Essa talvez seja uma das grandes dificuldades do jornalista que, depois de um início no jornalismo diário, começa a trabalhar em revistas – desligar-se do que tradicionalmente ele aprendeu a chamar de notícia e começar a navegar em um universo absolutamente diferente. Jornalistas, em geral, tendem a achar que fazer reportagem é tratar de temas sérios, difíceis e pesados. Até pouco tempo atrás, era muito comum revistas femininas, quando decidiam "investir em reportagens", dedicarem-se a tratar de temas como aborto, Aids e drogas. No entanto, no mundo das revistas, tudo pode ser tratado como reportagem, de aborto a cosméticos, seguindo-se sempre os procedimentos básicos do bom jornalismo.

O mesmo perigo que surge de pautas preconcebidas, que só existem na cabeça dos jornalistas, pode se revelar nas reportagens visuais. Dentro da redação, por exemplo, resolve-se que o verde é uma cor linda e que seria ótimo se todas as pessoas passassem a usar roupas verdes. Comenta-se, inclusive, que tal ideia casaria perfeitamente bem com toda essa sensibilidade ecológica, que parece estar na moda. Seria interessante, quem sabe, locar a produção fotográfica em plena Amazônia. O editor fica entregue, assim, a seus delírios, enquanto lá fora, na rua, não há ninguém usando roupa verde. Se ele desistir da ideia, ótimo. Do contrário, pode forçar a barra, mandar fazer roupas especialmente para a reportagem visual e, no fim, publicar uma notícia que não existe.

Nesse sentido, o trabalho de reportagem visual é, hoje em dia, até mais privilegiado do que os outros. Porque, enquanto muitos repórteres só apuram pelo telefone e pela internet, o repórter visual tem de ir para a rua, pelo menos para coletar e conferir pessoalmente o que será fotografado. E o bom repórter deve, sempre, ir para a rua de olhos abertos e cheio de perguntas. Isso porque reportagem visual, assim como qualquer outra, tem obrigação de trazer novidade. O importante é contar o que ninguém contou ainda – e contar bem.

As mesmas regras de trabalho em equipe e diálogo de que já falamos valem especialmente para as reportagens visuais – principalmente porque é impossível fazer esse tipo de reportagem sozinho. O bom repórter, também nessa área, deve saber dialogar com toda a equipe. Além disso, ele vai precisar conhecer muito bem os fotógrafos (geralmente revistas contratam fotógrafos *freelances*) e saber qual se adequa melhor a cada tipo de trabalho. Não adianta, por exemplo, chamar um fotógrafo de estúdio para cobrir um jogo de futebol – encontrar o profissional certo para a matéria certa também requer sensibilidade e talento.

Além de ter uma atitude jornalística, com tudo o que ela representa (curiosidade, qualidade na apuração etc.), o profissional que se dedica à reportagem visual deve, necessariamente, desenvolver a sua capacidade de ver. Isso, como tudo, não se nasce sabendo, se aprende. É possível que tenha gente com maior ou menor talento para tanto, da mesma forma como há os que escrevem melhor do que outros. Contudo, há alguns exercícios básicos, como prestar atenção em tudo o que vir pela frente. Os bons profissionais dessa área têm na cabeça um vasto arquivo de referências visuais, vivem editando o que veem – filmes, ruas, lojas, peças, rostos, roupas, livros, vitrines, placas de trânsito, cartazes, revistas. Tudo em nossa volta nos acena, pedindo atenção. Vivemos em meio a um turbilhão de informações visuais.

INFOGRAFIA: O QUE É E COMO USAR

Assim como a fotografia, os infográficos estão no primeiro nível de leitura de qualquer meio impresso. Ou seja, eles são, muitas vezes, a exemplo das fotos e títulos, as portas de entrada para os textos. É ali que o leitor deposita, inicialmente, sua atenção e pode ser por meio deles que decida ler ou não a matéria. A infografia chegou para ficar, junto com a informatização das redações e os novos recursos gráficos disponibilizados pelos computadores. É uma maneira de fornecer informação ao leitor, utilizando um conjunto de gráficos, tabelas, desenhos, fotos, legendas, ilustrações, mapas, maquetes. Contudo, nunca a use como mero enfeite. Ela pode ser bela, mas é, acima de tudo, informação visual.

Esse recurso é ótimo para descrever processos – como um acidente de avião aconteceu, como um vírus ataca o corpo, como é a órbita de um planeta, como dar um nó na gravata –, para fazer analogias – de tamanho, de tempo, de espaço – e para explicar coisas que são grandes demais – galáxias, constelações – ou pequenas demais – células, partículas subatômicas. Usando-o com criatividade e racionalidade, você pode extrair do texto todo tipo de informação não narrativa que dificulte a leitura, como dados numéricos, por exemplo – números são sempre mais fáceis de entender quando estão dispostos em forma de gráficos e tabelas e transportados para os infográficos.

Checar as informações de um infográfico é tão importante quanto checar as informações de um texto. Qualquer erro, por menor que possa parecer, destrói todo o trabalho (uma imprecisão de desenho no formato da asa de avião ou na proporção de um prédio, por exemplo, pode tirar toda a credibilidade da informação). Por isso, também não existe boa infografia sem o trabalho integrado de equipe. O bom infografista deve ser, antes de tudo, um repórter. Ele precisa estar envolvido na apuração para poder passar o maior número de informações, com o máximo de clareza possível. Assim como um bom texto, o infográfico também precisa ter começo, meio e fim. A mesma atenção deve ser dada ao uso das cores. Em gráficos, mapas e infográficos, as cores são informações e devem ser tratadas como tal. Por isso, têm que ser usadas como recursos para dar mais clareza e nunca para confundir o leitor.

Como no texto, todo cuidado é pouco, e foco é fundamental. Um infográfico também pode ser "cortado", "enxugado". Jogue fora as informações que não acrescentam nada, deixe só aquilo que for absolutamente necessário para ajudar na compreensão do fato ou do processo que você está procurando explicar. Simplificar um infográfico tirando todos os excessos meramente decorativos muitas vezes é o grande segredo para deixá-lo mais claro.

TEXTO QUE DEIXA O LEITOR FELIZ

Texto de revista é diferente, sim, do texto de jornal, de internet, de televisão, de livro e de rádio. Principalmente, o texto de uma boa revista. Além de conter informações de qualidade, exclusivas e bem apuradas, o texto de revista precisa de um tempero a mais. Diferente do leitor de jornal, o de revistas espera, além de receber a informação, recebê-la de forma prazerosa. Ele quer a informação correta, simples e clara – seja o exercício para o abdômen, a receita de bolo, a nota política, o roteiro de viagem –, mas quer também um texto que não seja seco, como um mero aperto de mão. Resumindo: costumo dizer que, em revista, bom texto é o que deixa o leitor feliz, além de suprir suas necessidades de informação, cultura e entretenimento.

Então, para fazer um bom texto de revista, voltamos ao leitor, como sempre. A primeira pergunta é "para quem estou escrevendo?" Se você conhece o leitor, fica mais fácil. É como escrever uma carta: é difícil começar quando não se sabe para quem se escreve. Texto de revista, já dissemos, tem endereço certo. Conhecendo o leitor, sabe-se exatamente o tom com que se dirigir a ele. É preciso escrever na língua dele ou, como diria o jornalista Eugênio Bucci, em "leitorês".

Assim, o tipo de linguagem, obviamente, varia muito de uma publicação para outra. Diferentemente de um jornal, não há um "manual de redação" detalhado e específico para quem trabalha em revistas. Uma editora que publica títulos tão distintos quanto *Capricho* e *Exame*, ou *Galileu* e *Marie Claire*, só poderá se guiar por um manual genérico, que se restrinja a resolver e elucidar problemas de língua portuguesa e de padronização ortográfica. Como não é possível trabalhar com um único estilo de texto para públicos tão diferentes, cada revista irá falar a linguagem de seu leitor específico. Uma revista como a que fazia a *MTV* usava muito mais gírias e expressões da língua falada do que uma revista como a *Bravo!*, por exemplo.

Antes de escrever, o jornalista tem de perder o medo de perguntar. Ele não pode sentir-se inferiorizado por não dominar determinado assunto. Jornalista não é quem sabe, mas quem conhece quem sabe.

Outro segredo do bom texto é o encadeamento de ideias. Se você escreve aos saltos e solavancos, o leitor abandonará facilmente o seu texto. Pesquisas mostram que menos da metade dos leitores que começam a ler uma matéria chegam ao final dela. Os índices também indicam que eles vão abandonando a leitura de determinado texto porque a informação que estava no começo já lhe foi "suficiente", porque consideraram o assunto ou o texto "chato", ou porque tiveram sua atenção desviada para outra atividade. Enfim, motivos para largar um texto ao meio nunca faltam. Se o texto não estiver bem encadeado, com certeza os leitores o largarão ao primeiro tropeço. Para encadear bem um texto não há segredo: é preciso estabelecer um plano do que se vai escrever (o que serve especialmente para matérias longas) e depois procurar as melhores palavras, as melhores frases, reescrevendo-as quantas vezes forem necessárias, ou possíveis.

Não usar lugares-comuns é outra regra básica. As fórmulas fáceis dão para o leitor a sensação de que aquele é um texto velho, já lido. Portanto, atenção: se as palavras ou expressões vão aparecendo no texto como se já estivessem ali há tempos, desconfie delas, procure outras. Leia seus textos em voz alta, se puder – isso vai ajudar, pelo menos, a eliminar os cacófatos e os problemas de períodos muito longos, que farão o leitor perder o fôlego. Peça para outras pessoas lerem seu texto e aceite as ideias que elas possam dar. Um texto jornalístico não deve ser visto nunca como uma criação pessoal, intocável e intransferível. Quanto mais leituras, opiniões, sugestões de cortes e trocas de palavras você receber, melhor ficará o seu texto final.

E, insisto, para aprender a escrever cada vez melhor, não há outra saída senão ler e escrever sempre. Procure ler bons autores, aqueles que saibam tratar bem as palavras. Jornalismo não é literatura, mas as técnicas literárias podem ajudar, e muito, um jornalista a escrever melhor. Cores, cheiros e descrições cabem no texto de revista. Apresentar os personagens, humanizar as histórias, dar o máximo de detalhes sobre elas, também. Aprender técnicas de construção de personagens, técnicas narrativas e descritivas é fundamental para quem quer escrever grandes reportagens. E, mais do que tudo, saiba: não é só você quem sofre para escrever. Mesmo depois de muitos anos de profissão, escrever bem é difícil, dá trabalho e exige tempo e dedicação.

Além do texto propriamente dito, há o título – não necessariamente nessa ordem. Às vezes, o título até pode nascer antes do texto. Em revista, bons títulos são verdadeiros desafios. Como não se trata simplesmente de noticiar um fato – "Estados Unidos atacam Iraque", por exemplo –, o título muitas vezes vai ser a explicação do porquê daquela matéria estar ali publicada. Isso, é claro, deve ser feito de forma criativa e, se possível, direta. Na tentativa de acertar e de serem criativos, os jornalistas de revista já fizeram de tudo – usaram nomes de filmes e de músicas à exaustão, usaram fórmulas que se consagraram na publicidade ou na televisão (quantos títulos "A número um" ou "Você decide" você já viu?). Isso sem falar naqueles títulos que servem para muitas matérias, e que já foram usados tantas vezes que dá até vontade de chorar quando a gente vê de novo em uma página de revista. "Para todos os gostos" talvez seja o campeão nessa modalidade, seguido de perto de "Para todos os bolsos" e de "Para todos os gostos (e bolsos)".

CAPÍTULO VIII

Ética no jornalismo em revista

Para o jornalista e professor espanhol Carlos Soria, da Universidade de Navarra, em jornalismo, ética é igual à qualidade da informação. Uma informação bem apurada, por meios lícitos, com boas fontes, checada, confrontada, analisada, bem escrita, enfim, de qualidade, tende a ser fruto de um processo que respeitou parâmetros éticos. Ao contrário do que às vezes se diz, seguir princípios éticos não limita a prática do jornalismo, mas contribui para elevar a qualidade da informação. Em jornalismo, ética e técnica caminham juntas. O bom jornalismo é sempre tecnicamente bem feito – e o jornalismo tecnicamente bem feito tende a ser um jornalismo necessariamente ético.

Para garantir ao leitor que as informações veiculadas sejam objetivas e independentes de interesses comerciais, governamentais, partidários, religiosos e outros, uma publicação e seus colaboradores devem, além de evitar conflitos de interesses, evitar dar ao leitor a impressão de que esses estejam ocorrendo. Não basta, ao jornalista, ser honesto, é preciso parecer honesto.

Se o maior compromisso do jornalista é com o leitor, ele precisa preservar sua independência. Se trabalha em veículo de comunicação, não deve fazer assessoria de imprensa. É importante, inclusive, estabelecer um padrão ético na relação com as assessorias. Hoje, quando empresas, celebridades e até médicos contam com seus assessores de imprensa, prontos para divulgá-los e defender seus interesses, os jornalistas devem tomar cuidado para não serem pautados pelas assessorias. Especialmente nas revistas de serviço, essa relação pode ser mais delicada ainda.

O jornalista deve, também, evitar relações profissionais com qualquer pessoa ou organização que seja fonte de informação para a revista em que trabalha. Já foi comum o jornalista ter dois empregos. Trabalhava como funcionário público de manhã, por exemplo, e à tarde cobria, como repórter, a mesma área na qual atuava. Hoje, é mais raro que isso aconteça, mas é sempre necessário comunicar ao seu editor quando houver qualquer envolvimento pessoal ou profissional que possa comprometer sua isenção, ou pelo menos que possa dar essa impressão, no cumprimento de uma pauta.

Ainda para manter sua independência, jornalistas não podem auferir benefícios pessoais por intermédio de informações privilegiadas obtidas no exercício da profissão. Usar a condição profissional para obter vantagens pessoais é quebrar a relação de confiança que se estabeleceu com o público.

Contudo, não dá para perder de vista que jornalistas são seres humanos e cidadãos, com opções e convicções políticas, culturais, religiosas e sexuais, e que por isso podem participar de movimentos em defesa de seus direitos. Assim sendo, a melhor forma de tratar desse assunto é com honestidade e humildade, sabendo que não se é isento nem objetivo por natureza, embora seja essa a intenção, em cada reportagem. A integridade editorial não é preocupação apenas das cartas de princípio e das normas éticas adotadas pelas empresas de comunicação. Ela está em cada um, em cada jornalista, na condição de representantes dos leitores, o que os obriga a assumir responsabilidades claras, que incluem um comportamento ético e transparente.

Para manter a independência, é importante que os jornalistas não aceitem presentes ou qualquer outro tipo de facilidade para realizar seu trabalho. Isso é uma praxe corriqueira, principalmente nas revistas de serviço. Mas ninguém dá presentes para jornalistas porque gosta deles. Quando alguém lhe oferece algo gratuitamente, espera que você pague com cobertura editorial. A revista de turismo norte-americana *Condé Nast Traveler*, por exemplo, adotou uma política de não aceitar viagens, transporte, hospedagens ou qualquer outra facilidade para fazer suas reportagens. Ela paga por cada matéria que faz, e divulga isso. Estampa, na capa, embaixo de seu logotipo, a expressão *Truth in travel* (verdade em viagem) e, no editorial de cada edição, explica-a: "Diferente de outras revistas e jornais, *Condé Nast Traveler* não aceita participar de viagens especiais para imprensa. A adoção dessa política significa que você pode acreditar na independência do que reportamos."

Revistas que fazem matérias que necessitam de produção fotográfica normalmente tomam emprestado de lojas e fabricantes um sem número de objetos – que vão de camisetas a joias, de vasos a sofás, de radinhos de pilha a automóveis. É muito importante devolvê-los imediatamente, claro. E, se for testá-los para avaliar sua qualidade com o objetivo de fornecer tal informação ao leitor, é mais indicado que se comprem tais produtos, para que a análise não seja alvo de nenhuma espécie de suspeição.

Para qualquer jornalista, perseguir a precisão, a objetividade e a isenção é tarefa de todos os dias, mesmo sabendo que a objetividade, a neutralidade e a verdade absolutas não existem. Buscar o equilíbrio e a imparcialidade é, no mínimo, cuidar para que a apuração envolva todos os lados, sem tomar partido de um deles. Os jornalistas devem defender o direito à informação e o interesse público (que não pode ser confundido com o interesse *do* público, do governo ou dos governantes). Administrar o equilíbrio entre a liberdade de expressão, o interesse público e o direito à privacidade das pessoas faz parte dos dilemas cotidianos da profissão.

A qualidade da informação que uma revista fornece a seu leitor nem sempre é evidente por si só. É claro que, se o leitor já estabeleceu uma relação de confiança com a publicação, vai acreditar no que ela diz e na qualidade de suas fontes. Mas é também dever do jornalista indicar da forma mais clara possível a origem das informações, para que cada leitor avalie sua importância e credibilidade. Várias revistas, por não trabalhar com notícias, no sentido clássico da palavra, acabam abandonando os procedimentos básicos do jornalismo.

É muito comum encontrar reportagens que ouvem poucas fontes (às vezes apenas uma!), que não identificam fontes ou, ainda, que contam histórias sem identificar os personagens. Algumas fazem isso para proteger pessoas, mas muitas vezes há uma banalização no uso dessa prática, o que acaba comprometendo a credibilidade das reportagens. É parte do trabalho do jornalista encontrar personagens que contem histórias, e se identifiquem. Manter fontes em sigilo deve ser procedimento excepcional. Diante de uma fonte que não quer se identificar, o jornalista deve, sempre, primeiro se perguntar por que ela está recorrendo a tal expediente.

Outro procedimento básico do jornalismo, que muitas vezes as revistas abandonam, principalmente as especializadas, é fazer acordos com a fonte e mostrar a matéria a ela antes de ser publicada. Se o jornalista tem dúvidas com relação às informações, é preciso esclarecê-las, mas daí a submeter a reportagem à fonte é outra história. Como diz o consultor norte-americano John Brady, "você deve manter os compromissos e combinações que faz com as fontes, mas, se submeter seu texto à aprovação, corre o risco de ver sua revista virar um departamento de reescrever matérias para satisfazer egos".

RELAÇÕES COM PUBLICIDADE

Em uma editora de revistas que se preocupa com a credibilidade de seus títulos, muitas vezes a relação entre a redação e a área comercial (encarregada de vender anúncios) é conflituosa ou, no mínimo, delicada. Há momentos, na prática, em que esses dois setores da empresa parecem ter interesses absolutamente distintos e contraditórios. O cliente dos jornalistas é o leitor, cujas necessidades e interesses, para ele, estão acima de tudo. Já o cliente do departamento comercial é o anunciante, o comprador do espaço, que vai veicular seu anúncio na revista.

Nem sempre os interesses dos leitores e os dos anunciantes são coincidentes. Muitas vezes, podem ser radicalmente opostos. O departamento comercial, por exemplo, avalia que a revista poderia tratar com mais assiduidade determinados assuntos ligados aos interesses de um determinado grupo de anunciantes. Sugere à redação, inclusive, que o informe sobre a pauta de matérias das próximas edições, para que seu pessoal saia à caça de anunciantes cujos produtos ou serviços estejam diretamente relacionados ao tema das reportagens.

Até aí, o departamento comercial está cumprindo à risca seu papel profissional, que é o de colaborar para a saúde financeira da publicação. Porém, muitas vezes alguém ultrapassa as fronteiras de uma ou outra área, e a situação se complica. É comum ocorrerem verdadeiras disputas de "cabo-de-guerra", em que jornalistas puxam para um lado e a publicidade, para o outro. Os anúncios, no atual modelo editorial, são indispensáveis à sobrevivência das revistas. Sem falar que a publicidade, quando adequada ao veículo, também pode ser lida como informação. Os dois setores precisam, assim, aprender a conviver e tirar proveito mútuo de suas áreas específicas de atuação. Os anunciantes vão procurar sempre a publicação de maior credibilidade. E, da mesma forma, as publicações só conseguirão manter sua credibilidade se permanecerem economicamente saudáveis, ou seja, se conseguirem pagar seus custos técnicos e de produção por meio de recursos provenientes de bons anunciantes.

Em 1997, a *American Society of Magazine Publishers* (Asme), em conjunto com a *Magazine Publishers of America* (MPA), divulgou uma nota conjunta sobre o assunto:

> Na qualidade de editores e *publishers*, acreditamos profundamente que a integridade editorial e a credibilidade são os valores mais importantes da indústria de revistas. Como consequência, acreditamos que as revistas não devem mostrar pauta, texto ou fotos de edições futuras aos anunciantes. Nós achamos que editores e *publishers* podem muito bem informar os anunciantes sobre os caminhos editoriais da revista sem lançar mão de práticas que possam dar a impressão de que a revista está se submetendo à censura ou que possam minar a sua independência editorial.

Por sua vez, o jornalista brasileiro Celso Nucci afirma que "o melhor argumento de venda é a relação da publicação com seus leitores, e não a pauta da próxima edição".

A credibilidade de uma revista, afinal, é seu maior patrimônio. É ela quem gera bons negócios e traz dinheiro para a revista. Cultivá-la é, portanto, uma opção estratégica. Mas a credibilidade cobra seu preço. Além de custar dinheiro – é preciso ter cacife para, eventualmente, fazer pé firme e recusar certos anúncios –, custa eterna vigilância. É um bem imponderável, que leva tempo para ser construído, mas que pode desmoronar com assustadora rapidez.

Henry Luce, fundador da *Time*, quando percebeu que estava chegando a hora de se retirar do dia a dia da revista, pela qual zelava tão bem, arquitetou a separação formal e física entre a redação e o departamento comercial. Batizou-a *Church and State* (Igreja e Estado). No caso, o jornalismo era a Igreja; o comercial, o Estado. Essa política representou um diferencial importante para *Time*, em uma época em que boa parte da imprensa pouco se preocupava com a lisura ética. Hoje, essa questão ganha ainda mais importância. Como garantir um jornalismo que defenda o interesse público acima dos interesses das corporações? Como certificar todos os procedimentos e regras que garantem um jornalismo isento e a defesa dos interesses do leitor? Cada vez mais as empresas terão que deixar claras suas regras, não só para quem trabalha nelas, mas para seu público.

Talvez o modelo rígido de Henry Luce, que separa com paredes e muros os jornalistas e a área comercial, não funcione mais. Esse jeito de administrar garante a credibilidade, por um lado, mas por outro torna difíceis e tensas as relações profissionais dentro de uma empresa, com desgastes e desperdício de energia de ambas as partes. Teoricamente, a mudança seria simples, bastaria que todos os envolvidos no processo de produção de uma revista se considerassem servidores do mesmo patrão, o leitor. Mas o que se discute, hoje, é a necessidade de regras claras, de preferência escritas, para administrar conflitos e resolver problemas que ocorrem cotidianamente.

Os editores norte-americanos têm sido pioneiros nisso. Mais uma vez, vale a pena recorrer à *American Society of Magazine Publishers*, que adota normas simples e eficazes, respeitadas pela maioria dos bons editores de revistas dos Estados Unidos. O texto que serve de introdução às normas explica muito bem os motivos que fizeram com que elas fossem devidamente escritas e não apenas compactuadas verbalmente:

> Para os leitores, o valor das revistas está tanto no conteúdo editorial como na publicidade. Entretanto, a integridade e a durabilidade de nossas revistas depende de que não haja confusão entre os dois. Se não houver clara distinção entre editorial e publicidade, ambos perdem a credibilidade. E isso pode afetar a credibilidade da revista. As normas aqui apresentadas têm o objetivo de ajudar editores, publicitários e anunciantes a manter padrões que ajudem a preservar essa importante diferenciação. Essas normas representam o desenvolvimento de um trabalho realizado pela primeira vez em 1982 por um comitê de experientes editores. Elas foram atualizadas e aprovadas várias vezes pela diretoria da Asme (*American Society of Magazine Editors*). Assim, representam respeitáveis parâmetros da nossa profissão.

Tais normas deixam claro que uma página de publicidade deve ter diagramação bem diferente daquela de uma página editorial; que a assinatura do anunciante deve ser explícita e facilmente identificada pelo leitor; que os jornalistas não podem produzir peças de publicidade para a revista em que trabalham; que nenhuma publicidade pode aparecer na capa da revista; que o anúncio não deve ficar perto de matérias que se relacionem ao produto anunciado; que o diretor de redação deve aprovar todas as páginas de publicidade em nome de seu leitor. Como todas as normas reguladoras, essas também não esgotam o assunto.

A esse respeito, vale ainda lembrar que a integridade editorial não sobrevive à veiculação de anúncios que desrespeitem a sensibilidade e a inteligência ou tentem enganar a boa fé do leitor. Quando um anúncio faz com que o leitor reaja espantado e pergunte "o que isto está fazendo na minha revista?", é porque um dos dois – o anúncio ou o leitor – está no lugar errado (geralmente é o anúncio).

CAPÍTULO IX

Revista na prática – ou como acertar o foco no leitor

Neste capítulo final, contarei um pouco da história do "reposicionamento de mercado" vivido pela revista *Capricho*, feito entre 1990 e 1992. Participei ativamente dele como redatora-chefe e foi naquele momento que aprendi muito sobre o jornalismo em revista. A tarefa de primeiro compreender a natureza do veículo para depois remodelar todo o seu plano editorial – redefinir sua missão, seus objetivos, sua receita editorial e suas relações com leitoras e anunciantes – fez com que eu e toda a equipe nos deparássemos com um grande desafio, que envolvia desde a reformulação das pautas até o padrão de atendimento ao leitor, da impressão da revista às relações com a publicidade.

Naquela época, na *Capricho*, foi que entendi realmente o que é uma revista, como ela sobrevive, como funciona sua relação com o leitor, o que ela tem que fazer para manter sua credibilidade e como ela deve se repensar a cada edição para continuar viva, interessante e surpreendente. Realizado por uma equipe, então jovem e inexperiente, aquele trabalho, no entanto, serve como exemplo prático para as várias noções teóricas que discutimos ao longo deste livro. Foi essa experiência que me forneceu as bases para meu futuro trabalho junto aos jovens do Curso Abril de Jornalismo. Para mim, os conceitos de integração de equipe, de diálogo contínuo entre *design*, texto e fotografia, de trabalho com a linguagem e de foco no leitor, tudo isso, de alguma maneira, nasceu ali.

JORNALISMO E PRECONCEITO

Um parêntese. Antes de seguir adiante, quero retroceder um pouco no tempo e comentar o preconceito que existe da parte dos jornalistas em relação a alguns títulos e, também, as lições que temos que aprender para ampliar nossos horizontes e nosso mercado de trabalho. Eu mesma fui um caso de "preconceituosa quase sem remédio". Quando me formei, queria trabalhar em jornal e, mais especificamente, na editoria de política (no máximo encararia um caderno de cultura, se não houvesse outro jeito). De fato, trabalhei bastante em jornal – mas só um pouco em política e cultura – e logo depois fui trabalhar em revistas. É comum sair da faculdade sem se conhecer o universo das revistas – com exceção das semanais de informação, pouca ou nenhuma atenção é dada a elas nos cursos de jornalismo, apesar de representarem uma boa fatia do mercado de trabalho e uma fonte inesgotável para os estudos de comunicação.

Quando entrevistava candidatos ao Curso Abril de Jornalismo, notava que ainda persistia esse mesmo desconhecimento (e até uma certa confusão sobre o que pode ou não ser jornalismo). O problema já foi mais grave, é verdade. No início dos anos 1990, só *Veja* era citada nas entrevistas como a revista em que os candidatos gostariam de trabalhar. Depois, a revista *Superinteressante*, por exemplo, passou a disputar de perto com ela a preferência dos candidatos. Quando fui trabalhar na *Capricho*, eu mesma não sabia direito para onde estava indo e meus colegas de jornal não esconderam que achavam a troca esquisita. É por isso, também, que escolhi esta história para contar – para ajudar a derrubar preconceitos e para mostrar que, às vezes, de onde a gente menos espera podem vir justamente as melhores experiências.

Um público especial

Escolhi contar este caso porque o público de *Capricho* (meninas adolescentes) é muito peculiar, ideal para entender o que chamo de "forte relação entre um leitor e sua revista". Essa faixa de público tem algumas características que fazem com que o trabalho com ele e para ele seja muito diferenciado. As adolescentes escrevem e se comunicam muito mais com suas revistas do que as mulheres adultas. Cada promoção que envolve as leitoras recebe milhares de retornos. Toda vez que uma pergunta é dirigida a elas, centenas de respostas chegam à redação. As meninas pedem conselhos, ajuda, recorrem ao atendimento ao leitor para pedir informações que vão desde dicas para trabalhos escolares até a maneira adequada de se comportar em determinado ambiente.

Outra característica marcante desse público é que ele muda muito rapidamente. Se você faz uma revista para meninas de 15 a 18 anos, por exemplo, as leitoras ficarão com você, em média, apenas três anos, pois logo terá um novo grupo entrando nessa tão estreita, mas também tão característica, faixa de idade. Além disso, mesmo no grupo de meninas que leem a revista, a mudança é constante: modas, manias e gostos podem se transformar radicalmente de um dia para o outro. Isso não influi apenas nas pautas e personagens que aparecerão na revista (até porque esse é um problema comum a qualquer publicação), mas vai definir as mudanças no próprio visual e no texto da revista.

O que pode representar uma dificuldade para quem trabalha nesse tipo de publicação é, por outro lado, também um elemento facilitador quando se planeja o reposicionamento dela. Quando se trata de um público mais tradicional, cada mexida na revista deve ser programada e avaliada com muita cautela e, tomada a decisão, é preciso insistir – não dá para ficar fazendo seguidas experiências até encontrar o tom certo. Com o público mais jovem, sempre é permitido ousar mais. Arriscar, errar, mudar de rumo, voltar atrás. Nessa época, em *Capricho*, chegamos muitas vezes a mudar as seções e o projeto gráfico em um curto período de tempo, sempre mantendo o público e ganhando novas leitoras.

NO PRINCÍPIO, ERA A FOTONOVELA

Para entender o processo de mudança da revista, é preciso conhecer um pouco de sua história. *Capricho* é a segunda revista mais antiga da

Editora Abril – só *O Pato Donald* surgiu antes dela. Feita hoje para adolescentes, até a década de 1970 ela trazia na capa a inscrição "desaconselhável para menores de 18 anos". Na verdade, *Capricho* sempre foi uma "publicação para moças". Mas as moças – e consequentemente as publicações para elas – evoluíram muito nos últimos sessenta anos.

Capricho foi criada em 1952. Quando as fotonovelas causavam furor e vendiam milhares de exemplares, ela publicou as melhores histórias do gênero (a maioria importada da Itália, o país que criou e distribuiu as fotonovelas para o mundo). Era uma época romântica, em que a televisão ainda era novidade. *Capricho* inovou publicando fotonovelas inteiras e não em capítulos, como faziam as outras publicações do tipo. O sucesso foi rápido – e grande. A revista chegou a vender 500 mil exemplares por quinzena na década de 1950, tornando-se a líder de seu segmento. À época, havia dezenas de publicações de fotonovelas, várias delas da própria Editora Abril.

Com o desenvolvimento da televisão e das telenovelas – que rapidamente desbancaram as fotonovelas –, *Capricho* teve que passar pela primeira mudança radical para se manter no mercado, enquanto muitos títulos desapareceram porque insistiram em continuar usando a mesma fórmula. Em 1982, deixou de publicar fotonovelas com frequência e passou a ser uma revista mensal de variedades, dedicada à dona de casa jovem, de nível socioeconômico mais baixo do que a leitora de *Claudia* – revista feminina lançada pela Abril em 1961 de enorme sucesso editorial na época.

Tateando em busca de seu próprio caminho, *Capricho* ainda publicava algumas fotonovelas, contos e romances, sem conseguir se desvencilhar totalmente da fórmula original. Assim, era alvo do mesmo preconceito que atingira as revistas de fotonovelas nas décadas anteriores: muitos pais não permitiam que suas filhas lessem aquele tipo de publicação, considerada vulgar e pouco educativa, conhecida popularmente como "revista de empregada doméstica".

Da moça moderna para a "gatinha"

Por causa disso, em 1985, *Capricho* viu despencar o número de exemplares e o de páginas publicitárias vendidos a cada mês. Na tentativa de reverter a queda vertiginosa, a revista passou por outra revisão editorial. Foi direcionada para um público mais jovem, as adolescentes, que até então não dispunham de uma revista feita exclusivamente para elas. Na agência de propaganda responsável pela conta de *Capricho*, na época a DPZ, o publicitário Washington Olivetto desenvolveu um novo conceito para o produto: "A revista da gatinha". Nada mais adequado. À época, a expressão era uma das mais usadas pelos garotos para definir as adolescentes de sua mesma idade. O conteúdo editorial foi inteiramente modificado e o foco deslocou-se das donas de casa para o público feminino entre 15 e 20 anos.

O reposicionamento foi um sucesso e a revista recuperou muito da circulação que havia perdido. Porém, essa retomada teve vida curta. Três anos mais tarde, uma mudança na direção da publicação fez com que se perdesse novamente a mão – e as leitoras. Em 1989, uma nova tentativa de modificar a revista apostou na busca de leitoras um pouco mais velhas – até porque, nessa época, não havia anunciantes dispostos a divulgar seus produtos para o então inexplorado mercado adolescente. *Capricho* começou, então, a publicar matérias picantes sobre sexo e namoro, tentando pegar carona no filão já descoberto por publicações como *Carícia*, da Editora Azul, e *Querida*, da Editora Globo, feitas sob medida para jovens de classe C, entre 17 e 25 anos. Tornou-se, porém, apenas mais uma em um segmento que, de resto, já não vendia muito. A redação buscou caminhos alternativos. Foi feita uma tentativa junto ao público masculino – lançou-se um especial chamado *Capricho Boys* – que não deu certo. Afinal, *Capricho* sempre foi uma marca reconhecidamente feminina e, entre adolescentes, o que é feito para meninas não podia, de jeito algum, ser consumido também por meninos. Faltava, enfim, foco no leitor.

Menos sexo – acertando o tom

No final de 1989, dois possíveis caminhos se anunciavam para *Capricho*: tentar firmar-se no mercado como a melhor opção para as jovens da classe C (e brigar com a concorrência) ou desbravar o caminho e tornar-se a primeira revista para adolescentes (de 12 a 18 anos) de classe A e B. Escolheu-se a segunda opção. Mais do que falar para uma classe social específica, *Capricho* mudou de tom. Enquanto as picantes *Carícia* e *Querida* eram lidas às escondidas pelas garotas, muitas vezes estrategicamente ocultas dentro dos cadernos escolares (o formato de bolso ajudava nisso), *Capricho* tornou-se uma publicação jovem que podia ser lida abertamente, exibida e dividida com as amigas de turma. Ou seja: identificou-se com seu público alvo. Falar menos de sexo era um caminho e, quando se falasse nele, fazê-lo de outro jeito, em um outro tom, mais discreto, natural e sereno.

TENTAR, ERRAR, TENTAR DE NOVO

Era preciso modificar completamente a revista para relançá-la, buscar por novas leitoras e novos anunciantes. Sob o comando da jornalista Mônica Figueiredo, então diretora de redação, uma equipe de jovens jornalistas começou a trabalhar na *Capricho*. Uma grande vantagem que tivemos naquele momento – além de trabalhar com o público jovem que, como já vimos, permite mudanças mais rápidas e bruscas – foi o fato de a publicação estar mal das pernas. Explico: foi exatamente por isso que tivemos muita liberdade para experimentar, para errar e voltar atrás, para ousar muito e ver o que dava e o que não dava resultado. Unida no mesmo propósito, a equipe aprendeu a fazer uma revista que se parecesse, em forma e conteúdo, mais com uma amiga da leitora e menos com sua mãe, com sua professora ou conselheira. O importante naquele momento era, de fato, criar identificação imediata.

Todos os ouvidos para a leitora

Para começar, saímos feito loucas ouvindo as leitoras. Fomos atrás delas, nas escolas, nos clubes, na rua. Incrementamos, também, o atendimento ao leitor. Chamamos grupos de meninas para irem à redação e falar sobre o que pensavam, sobre o que queriam e do que gostavam. Primeiro, de uma maneira bem desorganizada – qualquer irmã de amigo montava seu grupinho e aparecia –; depois, começamos a montar os grupos com mais critério. Copiando uma prática que já era adotada pela equipe da revista *Nova*, estabelecemos, também, que cada jornalista da redação teria que entrevistar pelo menos uma leitora por mês a respeito da edição que estava nas bancas – e sobre a vida dela também. Feitas as entrevistas, elas eram discutidas em conjunto pela redação.

O organograma da redação passou a ter como núcleo central a área de atendimento ao leitor, que contava com três pessoas. Era preciso fazer tudo o que fosse necessário para conhecer cada vez mais – e mais rápido – o público para o qual estávamos escrevendo. É bom lembrar que nessa época não existia internet e e-mail para facilitar o atendimento aos leitores. Os contatos se davam por carta ou telefone. Esse núcleo de atendimento ao leitor começou a catalogar todas as ligações e cartas que a redação recebia e, com elas, montava-se um relatório mensal, que circulava entre os jornalistas da redação, trazendo as críticas, os elogios e as sugestões das leitoras.

Ainda não havia, nas demais redações da Editora Abril, um serviço de atendimento ao leitor estruturado, o que só viria a acontecer em 1993. *Capricho*, nesse sentido, foi pioneira. Criamos um telefone especial para o atendimento às leitoras, o "Estrelafone", que foi divulgado pela primeira vez na revista em dezembro de 1990. Logo em seguida, o número já estava recebendo mil ligações por mês. No mesmo período, recebíamos perto de três mil cartas mensalmente. Todas elas eram lidas e respondidas. Algumas com respostas-padrão; outras, devidamente personalizadas.

A GATINHA SUBIU NO TELHADO

A segunda medida que tomamos imediatamente foi derrubar a "gatinha". Percebemos logo que aquela gíria na capa ("a revista da gatinha") consistiria em mais um empecilho para nos desligarmos da imagem antiga da revista. Essa gíria foi uma ótima estratégia de *marketing* em certo período, mas agora era um problema. Gírias envelhecem rapidamente e devem ser usadas com cautela – em textos de revistas e em *slogans*. Muitas vezes, também, gírias são regionais e entendidas apenas em seus lugares de origem (esse é outro cuidado para quem escreve em revistas nacionais). As "gatinhas" envelheceram e saíram de moda, assim como, ao longo do tempo, as "pequenas", os "brotos", as "minas"... Para se ter uma ideia, *Capricho* já tinha usado na capa os seguintes *slogans:* "A revista da moça moderna", "A revista mensal da juventude moderna", "Revista mensal da mulher moderna" e "Miau! A revista da gatinha". A partir de então, estava decidido: nada de *slogans* na capa.

Que fotos? Que modelos? Que cara?

Em seguida, veio o trabalho duro de afinar as pautas, o visual e a linguagem da revista. A experiência da MTV (*Music Television*), que acabava de ser lançada no Brasil e fez sucesso imediato junto ao nosso público-alvo, ajudou muito no desenvolvimento do trabalho visual – projeto gráfico e linguagem fotográfica – que fizemos para a revista. Hoje, olhando para elas, essas revistas parecem antigas (e, de fato, são). Como já afirmamos, publicações envelhecem visualmente com muita rapidez. Mas, naquele momento, elas tinham exatamente a cara das adolescentes.

Nos primeiros meses, fizemos, a cada edição, ajustes no projeto gráfico e nas seções. Testávamos uma seção e, se ela não dava muito certo junto às leitoras, logo trocávamos por outra. Fazíamos e refazíamos fotos até acertar. Que modelos devíamos usar nas fotos das reportagens de moda, de que idade, com que cabelo e com que maquiagem? Para que a leitora se identificasse com a revista, respostas convincentes para essas perguntas eram fundamentais. Programas de televisão, filmes, peças de teatro que faziam sucesso junto a esse público passaram a ser analisados detalhadamente pela equipe.

Como e quanto escrever?

Acertar a linguagem para falar com essas meninas também não era fácil. Escrevemos e reescrevemos textos até cansar, até achar o tom que julgávamos ideal. Nesse ponto, ter uma equipe basicamente composta por jovens ajudava muito. Muitos dos próprios repórteres eram recém-saídos da adolescência (e mesmo os editores não estavam longe disso), o que os aproximava dos assuntos das leitoras, do jeito de falar e da mesma forma de encarar o mundo. Não que fôssemos falar exatamente como elas – afinal, éramos a revista e não a própria leitora –, mas tínhamos que falar de uma forma que fosse próxima delas, inteligível, boa de ler.

O ajuste de tom e a escolha das palavras e expressões que devíamos usar foram, sem dúvida, uma das partes mais difíceis do projeto. Antes, trabalhando em jornal, ou em revistas como *Veja São Paulo* e *Playboy*, eu nunca havia pensado se deveria usar, por exemplo, "para" ou "pra". As duas revistas em que havia trabalhado tinham modelos muito bem estruturados, em que não se mexia com tanta facilidade. Possuíam uma linguagem própria e o jornalista adaptava-se a ela. Na *Capricho*, apresentou-se para mim a possibilidade de avaliar o que era, afinal, escrever para um público tão específico, para uma menina de 15 anos, e assim experimentar um novo estilo de escrita. Descobri, entre outras coisas, que é muito difícil fazer um texto simples que não seja simplório, que escolher palavras mais precisas e ao mesmo tempo mais fáceis de entender não quer dizer escrever em uma linguagem "tatibitate" e que, principalmente, falar com adolescentes não significa apenas rechear o texto de gírias.

Esse foi também o período em que toda a imprensa começou a reduzir o tamanho dos textos. Os cortes de espaço, devido ao custo do papel e o tempo escasso dos leitores, fizeram com que os textos diminuíssem na página – foi um momento de aprendizado e de queixas constantes da parte de muitos jornalistas. No começo, achava-se que os textos mais curtos esvaziariam a imprensa, mas muitas vezes foi a falta de apuração que, na verdade, esvaziou os textos. A *Capricho*, por sua vez, com seu projeto gráfico peculiar, prestava-se bem para experiências nessa área. E, particularmente, me provou a dificuldade de produzir bons textos, curtos e recheados de informação.

Um tesouro nas agendas

Adolescentes do final dos anos 1980 e início dos 1990 faziam agendas que eram verdadeiras obras de arte, com registros de tudo o que ia acontecendo em sua vida: fotos, recortes, lembranças e textos. Nessas agendas, buscamos inspiração para o texto e para a linguagem visual da revista. Percebemos logo que as leitoras recortavam muitas figuras e textos da própria revista, e favorecer essa prática por meio do próprio projeto gráfico talvez pudesse ser um trunfo. Elas reclamavam, por exemplo, quando cortávamos em uma foto um pedaço da cabeça de um ator (porque ela seria recortada e colada na agenda) ou quando escrevíamos uma frase com letras muito pequenas (aquela frase também iria para as páginas da agenda). Assim, recheamos a revista de fotos que podiam ser recortadas sem problemas, de frases soltas (que estavam ali só para ser recortadas) e de ilustrações abertamente inspiradas na linguagem das agendas.

ABAIXO OS MUROS

Mas o que mais nos ensinou foi o novo formato que criamos para trabalhar em equipe. Em primeiro lugar, derrubamos todas as divisórias que existiam na redação. Ninguém mais tinha sala, todos se olhavam e podiam conversar o tempo todo uns com os outros. Isso não era comum à época: o chamado departamento de arte (diretor de arte e diagramadores), por exemplo, geralmente ficava separado fisicamente da redação, às vezes situado em uma sala bem distante dela. Em Portugal, até bem pouco tempo atrás, esse isolamento era ainda mais grave: por mais incrível que possa parecer, o pessoal da arte ficava na gráfica, e recebia lá os textos dos jornalistas, tendo que encontrar um jeito para que eles coubessem nas páginas. Nunca chegamos a tal extremo por aqui, mas jornalistas e *designers* não conversavam muito até então – e, quando conversavam, não se entendiam.

Além da mudança física na redação (derrubamos nossos muros no momento em que caía o Muro de Berlim), incentivamos a aproximação de funcionários dos mais diversos setores. Qualquer pessoa que trabalhasse na *Capricho* passou a ser convidada a participar de todo o processo de produção da revista, das pesquisas com leitoras às reuniões de pauta. Detalhe: parece difícil de acreditar, mas até mesmo as hoje tradicionais reuniões de pauta eram novidade para muitos jornalistas. Isso em uma época em que diretores e redatores-chefes costumavam decidir a pauta sozinhos e depois distribuí-la aos jornalistas da equipe.

Ao mesmo tempo experimentamos editar as matérias de forma integrada (arte, texto e foto trabalhando na mesma direção, com o mesmo objetivo, um não disputando lugar com o outro). Um dos formatos mais originais e que surtiram melhor efeito foi o dos "trios de criação" compostos pelo repórter, pelo repórter visual (produtor) e por um *designer*. Eles acompanhavam o trabalho do começo ao fim, da pauta à edição, juntos. Consequentemente, as matérias começaram a ficar mais coerentes, as fotos passaram a dialogar melhor com o texto e as próprias páginas pareciam agora "conversar" entre si.

Logo após a reunião de pauta, os "trios de criação" iniciavam o trabalho. Depois de uma conversa entre os três, o repórter saía para a rua, o produtor começava a reunir o que seria necessário para a foto e o *designer* ia montando o *lay-out* das páginas, conforme o combinado. Qualquer mudança nos rumos da matéria (é comum o jornalista sair com uma pauta na mão e a matéria mudar de rumo no meio do caminho) era acompanhada por todos. Quando isso não ocorria, era quase certo que a edição resultasse em uma pequena tragédia editorial: foto e *lay-out* iam em uma direção, o texto, em outra. Quando o trio se comunicava bem, não tinha erro: era a garantia de mais uma excelente edição indo para as bancas.

Crítica e autocrítica

Para tomar pé do que estávamos fazendo, dos avanços e dos erros, fazíamos reuniões mensais de autocrítica. Todos liam, rabiscavam, anotavam e davam suas opiniões. Nessas reuniões, o núcleo de atendimento ao leitor já exibia as primeiras impressões das leitoras tão logo a revista era publicada. É preciso reconhecer que, por vezes, não é fácil trabalhar assim, criticando e sendo criticado constantemente. Contudo, é necessário ter maturidade profissional para assumir os próprios erros e, sem desmerecer ou diminuir ninguém, saber apontar, também, os cometidos pelos colegas a cada edição. Para uma equipe tão jovem, foi uma vitória e um aprendizado inesquecível.

Anúncios e preconceitos

Na hora em que as vendas começaram a subir, achamos que os anunciantes viriam, logo em seguida, bater à nossa porta, naturalmente. Não foi bem assim. Havia mesmo, no mercado, muito preconceito e muito desconhecimento em relação à proposta editorial da revista e, portanto, tivemos que fazer, paralelamente, um "reposicionamento publicitário". *Capricho* carregava, ainda, a imagem de "revista de fotonovelas", a despeito de muitas de suas leitoras – as adolescentes da década de 1980 – desconhecerem o que vinha a ser realmente uma fotonovela, já que o gênero deixara de ser publicado há muito tempo.

Somado a este, havia o preconceito – que logo se mostraria completamente infundado – em relação ao público adolescente. Dizia-se que os adolescentes não consumiam e, por isso, nenhum anunciante investiria em publicações voltadas especificamente para tal faixa de público. Fizemos, então, um exaustivo trabalho junto às agências de publicidade, para mudar a imagem da revista no mercado publicitário. Precisávamos mostrar – o que hoje é óbvio – que o público adolescente era um extraordinário consumidor em potencial.

Em pouco tempo, de duas ou três páginas de anúncios por edição (o que não seria suficiente para manter uma revista em circulação), passamos para vinte, vinte e cinco páginas – o ideal é que qualquer publicação mantenha uma boa proporção entre anúncios e páginas. Dependendo do tipo de revista, os números ficam entre 20 e 40% de anúncios para 80 a 60% de material editorial, respectivamente. Se há anúncios demais, os leitores reclamam (às vezes, nem há tantos anúncios, e mesmo assim os leitores reclamam). Se há anúncios de menos, a revista não se sustenta.

O FINAL FELIZ NÃO É O FINAL

Todo o trabalho que tivemos produziu, enfim, resultados não apenas visíveis, mas quantificáveis. Em um ano, entre janeiro de 1990 e janeiro de 1991, *Capricho* passou a ser a revista mais vendida no seu segmento – além de ser a que veiculava maior número de anúncios. Saímos de um patamar de 140 mil exemplares vendidos por edição para 280 mil. Mantivemos essa performance por um bom tempo, variando junto com o mercado e com as oscilações da economia no país. Deixei a revista em dezembro de 1992 e, depois disso, ela já passou por mais uma porção de redesenhos e reposicionamentos editoriais.

Tornou-se quinzenal em 1996. Isso alterou muito a linha editorial da revista, pois com tal periodicidade pode-se trabalhar com notícias mais quentes, característica que se tornou mais fácil de administrar com a chegada das novas tecnologias. A direção de redação mudou algumas vezes, o que também provoca inevitáveis transformações em uma publicação – um diretor de redação sempre imprimirá sua marca e, mesmo sem querer personalizar em excesso, será o maestro a dar o tom ao resto da orquestra. De qualquer forma, hoje, com a quantidade de informações de que os adolescentes dispõem, uma revista que se propusesse a ser exatamente igual à que fizemos nos anos 1980 não teria mais lugar no mercado. E como não parou de mudar, evoluir junto com seu público alvo, *Capricho* continua sendo uma revista de muito sucesso. Por isso mesmo, me orgulho de ter feito parte de sua história.

N. 1.   SEXTA FEIRA 7 DE SETEMBRO   1849.

A MARMOTA ☞ NA CORTE.

A MARMOTA.

Forte arrojo! Forte atrevimento!! (dirão por ahi os leitores). Quem é o redactor desta folha chamada *Marmota*, que ahi apparece? É doutor formado em alguma academia? Não; mas é lente jubilado na universidade da experiencia? Sabe linguas? Não; mas traduz em portuguez claro o idioma do coração. É barão, visconde, marquez, ou commendador? Não; porem é um dos fidalgos cavalleiros descendentes em linha recta do rei do mundo o Sr. Adão 1.º É bonito? É, sim, e muito parecido com um rapaz que por aqui andou chamado creatura, e a quem vejo elle recommendado pelo Sr. povo imparcial, bom gosto e comp.ª E para que escreve elle esta folha; será por interesse? Não que isso é uma paixão tão feia, que hoje em dia ninguem a quer seguir; elle escreve só para servir a patria d'algibeira, que assim o exige o brio e denodo de um cidadão liberal.

E que tal meus Senhores, então vai bem ou não?

Já estão ao facto do motivo por que escrevo; já sabem quem eu sou por fóra; que por dentro não posso abrir a barriga com medo de que me caiam as tripas, e isto de tripas de fóra é cousa muito medonha; *libera nos Domine!*

Vamos agora ao enchimento ou miollo da *Gazeta*. Esta folha ha de ser um guizadinho saboroso, e bem temperado por tal fórma que faça os leitores ou convidados della lamberem os beiços, e pedirem repetição da dóse; ha de ser um podim de cousas boas; ha de levar o leite da verdade, o pão da religião, os ovos das pilherias, o cidrão da lei, as passas da poesia, a nós-moscada da critica, e por fim a canella da decencia para aromatisar o pallador das familias, e dar uma vista agradavel ao bojo. Ora pois, abram a boca e fechem os olhos para chuparem o petisco.

Ah! E agora fallando serio tenho muita cousa interessante que analysar no labyrintho desta corte. Em quanto não estou bem familiarisado com as molestias do paiz, rogo á bella rapazada desta cidade (que bastante vivesa tem), que me remettam á typographia noticias interessantes que eu publicarei, o basta só darem o thema que eu farei o sermão. Os que tiverem veia poetica mandem todas as poesias que fizerem, ainda mesmo incorrectas que eu as corrigirei, e quanto á critica supprirei a falta, ainda que mal, do extincto Z, o qual tanto apreço teve por analysador. Rapazes, patuscos, estudantes, caixeiros, todos, todos, cheguem para mim, ajudem-me com as informações da terra que verão como o negocio toma caminho, *crescite et multiplicamoni.*

Façamos criticas em geral, carapuças de carregação para se venderem a quem servir rom, e já não é pouco. O nosso plano é reformar abusos recreiar os leitores, e ganhas a estimação das sympathicas meninas que honrarem a *Marmota* com as suas mãosinhas macias, e assetinadas; sim, e por fallar neste ultimo ponto, é mister confessar que na Bahia, minha terra, ha moças muito bonitas com fallas adoçicadas que dão suspiros afflautados etc. etc. ; mas nesta cidade já tenho tambem visto algumas tão preciosas que bem se podem comparar com as pombinhas do feitiço, e é verdade que as de cá, alem de bonitas, reunem a circumstancia embellazante de estarem mais apuradas nas modas de vestuario, e sabido é que o bem feito do folhado concorre muito para a bondade do pastel. Tenho visto por ahi vestidos tão elegantes e tão bem talhados que as donas parecem que levão limões doces dentro do seio, e arranjão o frocado das prega da saia tão bem repartido que mal dão um saltinho ou trejeito no andar faceiro, o vestido fórma umas sanefas moles, que deixando apparecer os pésinhos mimoros, e as fitas passadas sobre as torneadas pernas, tudo, tudo, lambe o coração do rapaz amoroso, e de pensamento poetico, e por tanto a estas deidades fluminenses offerecerei, alem de poesias e ou-

---

Primeira página de *A Marmota na Corte*, fundada em 1849, uma das primeiras revistas de variedades do país

A *Semana Ilustrada* (1860-1876), que inaugurou a febre das caricaturas e das ilustrações humorísticas

Lançada em 1928, *O Cruzeiro* seria um dos maiores sucessos editoriais brasileiros de todos os tempos, até sair de circulação na década de 1970

Manchete, do grupo Bloch, valorizava a imagem como seu principal atrativo editorial. Circulou de 1952 até a década de 1990

Bondinho (1970-1972), muitas vezes apreendida das bancas por "atentar contra a ordem e os bons costumes"

Realidade (1966-1976) fez história e criou uma mística até hoje cultuada entre os jornalistas

Senhor, sucesso na década de 1950, exemplo de apuro gráfico e inquestionável qualidade de texto

Primeiro número de *Veja*, lançada em 1968, hoje líder absoluta de vendas no país

Uma das muitas metamorfoses de *Capricho*:
de revista "da moça moderna"...

...a "revista da gatinha", que descobriu o filão do mercado adolescente

BIBLIOGRAFIA COMENTADA

A revista no Brasil (Editora Abril) – Uma deliciosa história das revistas no país. O livro, aliás, é um exemplo concreto de bom jornalismo: apuração bem feita, edição caprichada e ilustrações que são, ao mesmo tempo, informativas e tecnicamente perfeitas.

Para escrever bem, de Maria Elena Ortiz Assumpção e Maria Otilia Bocchini (Manole) – Boas dicas para quem quer aprender a escrever – mas também para quem quer escrever cada vez melhor.

Modos de ver, de John Berger (Rocco) – Sete ensaios sobre arte e fotografia, que examinam a questão da imagem nos meios de comunicação.

Seis propostas para o próximo milênio, de Ítalo Calvino (Companhia das Letras) – O assunto é literatura, e como ela sobreviverá na era da imagem. Mas o recado serve perfeitamente para jornalistas que querem pensar no que estão fazendo e na maneira como estão escrevendo.

Revistas, una historia de amor y un decálogo, de Juan Caño (Editorial Eresma & Celeste Ediciones) – O jornalista e editor espanhol, vice-presidente editorial da Hachette Filipacchi na Espanha, conta sua experiência de 25 anos como editor. Uma aula e, de fato, uma declaração de amor às revistas.

Hiroshima, de John Hersey (Companhia das Letras) – A reportagem, publicada em 1946 na revista *The New Yorker* e ganhadora do título de "a mais importante do século xx", mais um epílogo, escrito quarenta anos depois.

Os elementos do jornalismo, de Bill Kovach e Tom Rosenstiel (Geração Editorial) – Uma importante (e fundamental) discussão sobre a natureza do jornalismo, seus princípios éticos e as responsabilidades dos jornalistas.

O leitor e a banca de revistas, de Maria Celeste Mira (Olho d'Água/ Fapesp) – Uma instigante análise sobre o mercado de revistas e o fenômeno da segmentação das últimas décadas.

O império de papel, os bastidores de O Cruzeiro, de Accioly Netto (Sulina) – A história de um dos maiores fenômenos editoriais brasileiros, contada pelo jornalista que foi seu diretor de redação durante quarenta anos.

Edição e design: *um guia prático para ganhar leitores* (ou, no original, *Editing by design: word and picture communication for editors and designers*), de Jan V. White (JSN, no Brasil, e Bowker, nos EUA) – Livro obrigatório na estante de qualquer um que queira conhecer e se aprofundar no *design* de revistas e sua relação com o jornalismo.